전교 1등 의대생이 알려 주는

초등 공부 습관 만들기

책에 도움 준 어린이

향동숲내초등학교 5학년 박성빈 / 3학년 박성아, 강서초등학교 5학년 양하성,
용인이현초등학교 4학년 김루아, 초등학교. 4학년 송지유, 수원태장초등학교 3학년 김상윤

전교 1등 의대생이 알려 주는
초등 공부 습관 만들기

초판 1쇄 발행 2026년 3월 11일
초판 2쇄 발행 2026년 3월 24일

지은이 임민찬

대표 장선희 **총괄** 이영철
기획위원 김혜선 **책임편집** 조연곤 **기획편집** 강교리, 최지수
디자인 이승은, 장혜미 **외주디자인** 부가트 디자인
마케팅 장동철, 이은진, 서세원, 이정태 **경영지원** 전선애

펴낸곳 서사원주니어 **출판등록** 제2023-000199호
주소 서울시 마포구 성암로 330 DMC첨단산업센터 713호
전화 02-898-8778 **팩스** 02-6008-1673 **이메일** cr@seosawon.com

홈페이지   인스타그램

ISBN 979-11-6822-563-3   63700

서사원은 독자 여러분의 책에 관한 아이디어와 원고 투고를 설레는 마음으로 기다리고 있습니다.
책으로 엮기를 원하는 아이디어가 있는 분은 서사원 홈페이지의 '출간 문의'로 원고와 출간 기획서를 보내주세요.
고민을 멈추고 실행해보세요. 꿈이 이루어집니다.

서사원주니어

학부모님,

요즘은 초등학생 때부터 학원을 다니지 않는 아이를 찾기 어려울 만큼, 많은 아이들이 일찍부터 사교육을 접하고 있습니다. 시중에는 과목별로 다양한 문제집도 넘쳐나지요. 하지만 학원과 문제집을 충분히 활용하지 못한 채, 그저 같은 공부를 반복하는 아이들도 적지 않습니다.

그 이유는 공부의 가장 기본이 되는 '공부 습관'이 부족하기 때문입니다. 공부 습관은 학원만 다니고 문제집만 푼다고 해서 저절로 만들어지지 않습니다. 어린 자녀에게 양말 신는 법을 여러 번 알려주고, 젓가락 쥐는 법을 반복해서 연습시키듯, 공부 습관 역시 누군가가 차근차근 알려주어야 하는 배움의 영역입니다.

그 역할을 아이를 가장 잘 아는 부모님이 해 주시면 좋겠지만, 현실에서는 쉽지 않습니다. 아이에게 어떤 공부 습관이 필요한지 정리하는 일도, 그것을 아이 눈높이에 맞게 하나씩 설명해 주는 일도 모두 부담이 되기 때문입니다. 더구나 시중에는 과목별 문제집은 많지만, 정작 공부를 해 나가는 데 가장 중요한 공부 습관을 알려주는 책은 많지 않습니다.
그래서 이 책을 쓰게 되었습니다.

이 책은 초등학생이 직접 쓰고 따라 하며 공부 습관과 공부 자세, 과목별 학습 방법을 익힐 수 있도록 구성했습니다. 이 책을 통해 아이가 스스로 공부의 기본을 만들어 가고, 그 과정에서 학부모님의 고민과 부담도 조금은 덜어드릴 수 있기를 바랍니다.

혹시 '공부 습관'이라는 말을 들어 본 적이 있나요?

공부 습관이란 공부를 잘해 나가기 위해 필요한 습관을 말해요. 예를 들면 공부 계획표 쓰기, 복습하기, 오답 문제 정리하기 같은 것들이지요. 그런데 이런 공부 습관을 따로 배워 본 적은 있나요? 아마 대부분의 친구들은 없을 거예요.

우리는 문제집을 풀면서 공부를 해 왔지만, 문제집은 수학이나 영어, 국어처럼 과목의 내용을 알려 줄 뿐, 어떻게 공부해야 하는지까지 알려 주지는 않거든요. 그래서 공부를 열심히 하고 있는데도, 방법이 헷갈릴 때가 있어요.

저는 의사라는 꿈을 이루기 위해 초등학교, 중학교, 고등학교 시절 동안 공부를 해 왔어요. 그 과정에서 저만의 공부 습관을 하나씩 만들어 실천했고, 지금까지 2천 명이 넘는 초등학생과 900명 이상의 중·고등학생을 만나 수업을 하면서, 학생들에게 어떤 공부 습관이 필요한지도 알게 되었어요.

그래서 여러분을 위한 이 책을 준비했어요.

이 책을 통해 공부할 때 어떤 마음가짐이 필요한지, 공부 습관을 어떻게 실천하면 좋은지, 과목별로는 어떻게 공부해야 하는지를 직접 쓰고 따라 하며 배울 수 있을 거예요. 또 여러분이 어렵지 않게 이해할 수 있도록, 제가 직접 설명하는 영상도 함께 준비했어요.

이 책과 함께 공부 습관을 하나씩 만들어 가 보세요.

여러분의 공부가 지금보다 훨씬 수월해질 거예요.

 목차

이 책의 구성과 활용법   8

공부 Q & A   10

나는 어떤 학습 유형일까?   18

1장 나는 어떤 공부 스타일일까?

1 한 과목만 파고드는 집중형   22

2 공부하다가 딴짓하는 산만형   24

3 외우는 것을 잘하는 암기형   26

4 무조건 '왜'부터 묻는 이해형   28

5 "난 못해…"하던 회피형   30

6 "틀리면 안 돼!"의 완벽주의형   32

7 공부할 때 자꾸 짜증이 난다면?   34

8 나의 직업은 학생   36

9 공부에는 장점만 있어   38

2장 공부는 어떻게 시작할까?

1 자기 점검 습관   42

2 공부 환경 정리 습관   44

3 아침 공부 습관   46

4 제대로 쉬는 습관   48

5 감사 일기 쓰는 습관   50

6 건강관리 습관   52

3장 수업은 어떻게 들으면 좋을까?

1 수업을 열심히 듣는 습관   56

2 수업 중 메모하는 습관   58

3 수업 중 질문하는 습관   60

4   소리 내어 설명하는 습관   62
5   작은 시험 보는 습관   64
6   배운 것을 정리하고 기억하는 복습 습관   66

4장 집에서 공부하는 방법

1   공부 계획을 세우는 습관   70
2   문제집을 푸는 올바른 습관   74
3   문제집 실수를 줄이는 습관   76
4   스스로 채점하는 습관   80
5   틀린 문제 다시 푸는 습관   82
6   집중력을 높이는 습관   84
7   주말 공부 습관   86

5장 과목별 공부법

1   독서 습관   90
2   책 읽기가 좋아지는 독서 습관   92
3   초등 국어 공부 습관   94
4   연산 문제집 푸는 습관   96
5   심화 문제집 푸는 습관   98
6   성공 노트 쓰는 습관   100
7   수학 약점 보완하는 습관   102
8   영어 원서 읽는 습관   104
9   영단어 암기 습관   106
10   영어 문제집 푸는 습관   108
11   영어를 많이 듣고, 소리 내어 읽는 습관   110
12   사회·과학 공부 습관   112

부록

친구들의 공부 습관 엿보기   116

이 책의 구성과 활용법

이 책은 '공부하자!'는 결심만 하게 하는 책이 아니에요.
결심을 실천으로 이어 가는 습관을 만드는 책이에요. 영상, 만화, 체크리스트,
활동지를 따라가다 보면 어느새 공부 습관이 쌓이고 있을 거예요.

Step 1 만화와 영상으로 먼저 이해해요

스마트폰이나 패드로 QR 코드를 찍으면
작가님의 강연 영상이 열려요.
강의를 듣고 만화로 한 번 더 정리하면
공부 습관의 핵심이 머리에 쏙!

Step 3 오늘 실천할 습관을 골라요

작가님이 제안하는 실천 팁을 따라
오늘 공부에 바로 적용해 볼 수 있어요.
공부 습관은 '실천할 때' 내 것이 됩니다.

Step 2 내 공부 상태를 점검해요

간단한 질문에 답하면서 지금 내 공부
습관은 어떤지 스스로 체크해요.
나를 아는 것부터 진짜 공부가 시작돼요.

Step 4 나의 약속을 씁니다

오늘 내가 지킬 약속을 직접 써 보고, 약속을
잘 지킨 나 자신을 스스로 칭찬해 보세요.
매일 쌓인 작은 습관이 큰 실력이 돼요.

나아름

차분하고 부끄럼 많은 어린이.
친한 친구에게는 속마음을
털어놓는 털털한 면도 있다.

나다움

운동을 좋아하는 개구쟁이 어린이.
나아름의 쌍둥이 동생이지만, 아름이를
한 번도 누나라고 부른 적이 없다.

최영재

아름이, 다움이와 같은 반 친구로
수학, 과학을 좋아하는 똑똑한 어린이.
책 읽고 탐구하는 시간이 제일 즐겁다.

오신기

세상에 신기한 것이 너무도 많은
호기심쟁이 어린이. 아름이와 단짝
친구로 궁금한 것은 못 참는다.

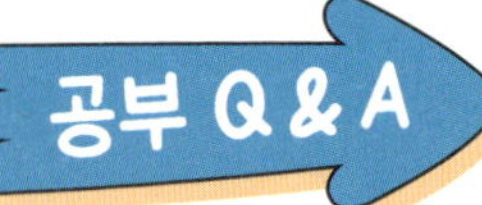

평상시 공부하면서 궁금한 게 생길 때마다 여기에 있는
친구들의 질문과 임민찬 선생님의 답을 읽어 봐.

Q1. 왜 공부를 해야 하나요?

공부는 단순히 시험을 잘 보기 위해서만 하는 게 아니야. 네가 세상을 이해하고,
하고 싶은 일을 마음껏 하기 위해서 꼭 필요한 힘이야. 지금은 몰라도 쌓여 있는
공부가 네가 원하는 길을 선택할 수 있게 해 줄 거야. 그게 없으면 선택지가 좁아
지고, 누군가가 시키는 길만 따라가야 할 수도 있어. 결국 공부는 언젠가 너를 지켜 주는
무기이자, 네가 자유롭게 살 수 있게 도와주는 열쇠란다.

Q2. 책 읽기가 너무 지루해요. 꼭 읽어야 해요?

책은 처음부터 끝까지 다 읽으려고 하면 지루할 수 있어. 하지만 네가 좋아하는
주제나 그림이 많은 책부터 시작하면 점점 재미있어질 거야. 하루에 한 장, 두 장
만 읽어도 괜찮아. 중요한 건 꾸준히 읽는 습관을 만드는 거야. 그러다 보면 어느
순간 긴 글도 술술 읽히게 돼. 책은 네 머릿속에 새로운 세상을 열어 주고 국어뿐만 아니라
수학, 과학, 사회 공부에도 큰 힘이 된단다.

Q3. 숙제가 너무 많아서 하기 싫어요.

숙제는 그냥 '귀찮은 일'이 아니라 네가 배운 걸 복습할 기회야. 다만, 한번에 다
하려고 하면 더 힘드니까 20분 단위로 쪼개서 하고, 잠깐 쉬는 시간을 두면 훨씬
수월할 거야. 하고 나면 오히려 머릿속이 정리되는 걸 느끼게 되지. 숙제를 '나를
위한 복습'이라고 생각하면 부담이 덜어지고 나중에 시험 볼 때 정말 도움이 된다는 걸 알
게 될 거야.

Q4. 공부하다 보면 자꾸 딴생각이 나요.

딴생각이 나는 건 당연한 일이야. 그럴 땐 억지로 참기보다 잠깐 일어나서 물을 마시거나 스트레칭을 해 봐. 그리고 다시 자리에 앉으면 집중력이 돌아와. 중요한 건 딴생각한다고 스스로를 나무라지 않는 거야. 뇌도 잠깐씩 쉬어야 다시 힘을 낼 수 있어. '집중-짧은 휴식-집중'을 반복하는 게 진짜 오래 가는 공부 습관이야.

Q5. 암기가 너무 힘들어요. 잘 외우는 방법이 있나요?

암기는 무조건 많이 보는 게 아니라 짧게 자주 보는 게 더 효과적이야. 하루에 한 시간 몰아서 외우는 것보다, 10분씩 여러 번 보는 게 오래 기억에 남아. 또 눈으로만 하지 말고, 소리 내어 읽고, 손으로 쓰면서 다양한 감각을 쓰면 훨씬 잘 외울 수 있어. 더 좋은 방법은, 배운 걸 친구나 가족한테 직접 설명해 보는 거야. 설명할 수 있으면 진짜로 내 것이 된 거거든.

Q6. 수학이 너무 어려워요. 어떻게 하면 좋아질까요?

수학은 '문제를 많이 풀기'보다 '왜 그런 답이 나오는지 이해하기'가 더 중요해. 틀렸을 때 그냥 넘어가지 말고, 어디서 막혔는지 꼭 확인해 보자. 작은 개념들을 확실히 이해하며 공부하면 어려운 문제도 풀 수 있어. 수학은 이해 + 연습이 핵심이야. 특히 수학은 '반복적인 문제풀이 연습'이 근육 운동처럼 네 두뇌를 단련해 주니까, 조금 지루하더라도 매일 조금씩 꾸준히 하는 게 제일 좋아.

Q7. 글씨를 느리게 써서 숙제할 때 남들보다 오래 걸리는데 어떻게 하면 좋을까요?

맞아, 글씨를 느리게 쓰면 숙제할 때 시간이 더 오래 걸릴 수도 있지. 그럴 때는 평소에 문제집을 풀면서 제한 시간을 정해 놓고 푸는 게 도움이 될 거야. 예를 들면 원래 22분 정도 걸리는 과제라면, 오늘은 20분 안에, 내일은 18분 안에 같은 분량을 풀어 보는 거지. 그러다 보면 글씨 글씨 쓰는 속도도 자연스럽게 빨라지게 될 거야. 결국 반복적인 연습이 필요하다는 걸 기억해 줘.

Q8. 공부를 열심히 하는데 점수가 안 나와요.

열심히 하는데 성적이 안 나올 땐, 방법을 바꿔야 한다는 신호야. 그냥 많이 하는 게 아니라, 틀린 문제를 정리하고 왜 틀렸는지 확인하는 게 더 중요해. 또 시험 직전에는 새로운 걸 하지 말고, 아는 걸 다시 보는 게 좋아. 공부는 양보다 방향이야. 방향이 맞으면 노력한 만큼 반드시 결과가 따라와.

Q9. 친구는 공부를 잘하는데 나는 못해서 속상해요.

친구와 비교하면 끝도 없고, 오히려 자신감만 떨어져. 공부는 '어제의 나와 오늘의 나'를 비교하는 게 맞아. 어제보다 한 문제라도 더 이해했다면 네가 성장한 거야. 성적보다 중요한 건 네 속도가 조금씩 앞으로 나아가고 있다는 사실이야. 결국 공부는 경주가 아니라, 마라톤 같은 거야. 네 페이스를 지키는 게 진짜 승리야.

Q10. 공부 잘하고 싶은데 너무 피곤해요.

피곤할 땐 억지로 책상에 앉아 있어도 잘 안 돼. 잠깐 낮잠을 자거나, 가볍게 산책하고 다시 시작하는 게 훨씬 효율적이야. 중요한 건 긴 시간을 앉아 있는 게 아니라, 짧은 시간에도 집중해서 하는 거야. 체력이 공부의 기본이야. 그래서 잠을 잘 자고, 규칙적으로 먹고 움직이는 생활 습관이 공부보다 먼저라는 걸 꼭 기억해.

Q11. 공부 계획을 세워도 잘 안 지켜져요.

처음부터 완벽한 계획을 세우려고 하지 마. 오히려 간단하게 하루에 꼭 하고 싶은 2~3가지만 정해 봐. 다 지키지 못해도 괜찮아, 점점 나아지면 돼. 계획은 '지키는 법'을 배우는 과정이지. 처음부터 완벽해야 하는 건 아니야. 실패도 경험이고, 조금씩 나아지는 게 진짜 성장이라는 걸 기억해.

Q12. 공부하다가 모르는 문제가 나오면 저는 그냥 답만 보는데, 이래도 될까요?

답을 보는 건 사실 큰 도움이 안 돼. 왜냐하면 네 머리로 생각해 보는 과정을 건너뛰는 거잖아. 모르는 문제가 나오면 일단은 차분하게 다시 고민하면서 '이 문제에서 뭘 묻고 있지?', '비슷한 문제를 풀었던 적 있나?' 이렇게 자꾸 질문을 던지는 게 중요해. 그다음에도 모르겠으면 답안지 해설을 보면서 힌트를 얻은 뒤에 다시 네 방식으로 한 번 풀어 보는 거야. 그래야 진짜 네 실력이 돼.

학교 수업을 열심히 듣는 자세는 정말 중요해. 물론 때로는 과목에 따라 재미가 없는 수업이 있을 수 있지만 학교 수업은 '재미'를 위해 듣는 게 아니잖아. 학교 수업은 우리가 학생이라면 당연히 들어야 하고, 우리가 한층 더 성장하는 데에 보탬이 되는 수업이야. 그러니 재미없더라도 좀 더 힘내서 집중해 보자.

사람마다 다들 달라. 어떤 사람은 오전 시간이 집중이 잘 되기도 하고, 어떤 사람은 저녁에 더 집중이 잘 되기도 해. 그러니 너도 연산 문제집을 풀 때도 어떤 날은 오전에 해 보기도 하고, 어떤 날은 저녁에 해 보기도 하면서 너에게 맞는 '집중 시간대'를 찾아보면 도움이 될 거야.

노래 가사가 있는 음악은 집중을 방해할 수 있어. 왜냐하면 자꾸 그 가사를 신경 쓰게 될 수 있거든. 그러니 만약 꼭 노래를 듣고 싶다고 하면, 차라리 잔잔한 클래식처럼 가사가 없는 음악이 나을 거야. 다만, 단원평가를 보기 전날에는 가급적 음악을 끄고 시험 환경과 비슷하게 연습하는 게 좋아. 노래 없이도 집중할 줄 알아야 단원평가 시험을 잘 볼 수 있을 테니까!

보통 어려운 과목을 먼저 하는 게 좋아. 머리가 맑을 때 집중해서 해결하고, 나중에 쉬운 과목을 하는 거지. 다만, 네가 좋아하는 과목으로 워밍업을 한 다음에 어려운 과목을 하는 방법도 있어. 스스로 더 잘 맞는 순서를 찾아가면 돼. 공부 순서에 정답은 없고, 네 리듬에 맞춰야 오래 할 수 있다는 걸 기억해.

머릿속으로만 이해했다고 생각하면 금방 잊게 돼. 손으로 정리하는 순간, 머릿속에 두 번 입력되는 효과가 생겨. 또 나중에 볼 수 있는 자료가 되니까 훨씬 효율적이지. 메모는 단순히 기록이 아니라, 나만의 지도를 만드는 거야. 나중에 복습할 때 그 지도를 따라가면 훨씬 쉽게 길을 찾을 수 있어.

공부가 늘 재미있을 수는 없어. 하지만 '이건 내가 이해했구나!'라는 순간은 분명 재미있어. 작은 성취를 느끼는 순간이 쌓이면 공부가 싫지만은 않게 돼. 결국 공부 재미는 성취감에서 시작되는 거야. 그리고 그 성취를 기록하면 힘들 때 다시 꺼내 보면서 '내가 여기까지 왔구나' 하고 스스로를 응원할 수 있어.

사실 당연한 거야! 단원평가 끝나고 다 잊어버린다고 너무 속상해하지 마. 중요한 건 단원평가가 끝난 뒤에 네가 틀린 문제나 어려웠던 문제를 한 번 더 풀어 보는 거야. 단원평가는 점수만 보는 게 아니라, 네가 어디를 어려워하는지 알게 되는 기회거든. 그러니까 단원평가 끝나고도 공부가 계속 이어질 수 있는 거지. 그리고 시험이 끝났다고 더 이상 그 내용을 안 보는 게 아니라, 꼭 주기적으로 복습하자.

벼락치기 하면 단원평가 점수는 잠깐 오를 수 있지만 금방 다 잊어버려. 공부는 조금씩, 꾸준히 하는 게 제일 좋은 방법이야. 단원평가 직전에는 벼락치기보다는, 네가 평소에 공부해 둔 걸 다시 복습하는 게 훨씬 효과적이야. 벼락치기는 마음이 불안할 때 하는 거라서, 앞으로는 미리미리 준비해 두면 더 자신 있게 시험 볼 수 있어!

발표할 때 떨리는 건 네가 잘하고 싶은 마음이 있어서 그래. 집에서 미리 거울 보면서 연습하거나, 가족 앞에서 연습해 봐. 그러면 덜 떨려. 그리고 발표할 때 친구들이 널 놀리려고 보는 게 아니고, 그냥 듣고 있을 뿐이야. 그걸 알면 마음이 조금 편해질 거야.

깜빡하는 게 자주 있으면, 전날 밤에 꼭 미리 가방을 챙기는 습관을 들여 봐. 그냥 아침에 챙기려면 항상 급해서 빼먹게 돼. 준비물 체크리스트를 종이에 써서 가방 옆에 붙여 두면 덜 잊어버려. 조금만 신경 쓰면 충분히 고칠 수 있어.

네 꿈이 수학 선생님이라서 수학만 잘하면 될 것 같지? 근데 대학 갈 때는 수학만 보는 게 아니야. 국어, 영어, 과학, 사회… 이렇게 여러 과목 점수를 다 합쳐서 대학에 붙을 수 있는지가 정해져. 그러니까 수학만 잘하면 대학에서 '얘는 수학은 잘하는데 다른 건 너무 부족하네' 하고 떨어뜨릴 수 있거든.

게다가 수학 선생님이 되려면 결국 대학에서 '수학과' 같은 곳에 들어가야 하는데, 그 문을 열어 주는 열쇠가 전과목 성적이야. 수학 열쇠 하나만으론 안 열려. 영어도 필요하고, 국어도 필요해. 그러니까 네 꿈을 이루려면 결국 모든 과목을 골고루 공부해야 하는 거야. 물론 '모든 과목을 다 최고로 잘해야 한다.'는 건 아니야. 대신 전과목을 포기하지 않고, 기본은 지켜야 꿈에 더 가까워질 수 있어!

나는 어떤 학습 유형일까?

24개의 질문을 모두 읽고 내 모습에 가까운 것에 ✔ 해 봐.
내가 어떻게 공부하는 스타일인지 알 수 있을 거야. 내 학습 유형에 따라
어떻게 공부하는 것이 가장 효율적인지 이 책을 통해 하나씩 알아가 보자.

공부를 시작하면 한 과목에 오래 집중하는 편이다. ☐	공부 중 자꾸 딴생각이 든다. ☐	내가 세운 계획을 완벽하게 못 지키면 기분이 나빠진다. ☐
한 번 외운 내용은 오래 기억하는 편이다. ☐	실수하거나 틀리면 자책하게 된다. ☐	친구에게 설명해 주면 더 잘 이해된다. ☐
이해되지 않으면 암기해도 불안하다. ☐	어려운 문제는 일단 넘기고 싶은 마음이 든다. ☐	공부하다가 물, 간식, 스마트폰 등을 자주 찾는다. ☐
기준이 높아 작은 실수만 해도 스스로 실망한다. ☐	시험 전에는 반복해서 소리 내어 외운다. ☐	공부를 미루다 시험 전날 벼락치기할 때가 많다. ☐

집중형	산만형	이해형
_____ 개	_____ 개	_____ 개
한 번 집중하면 오래 가는 편이에요. 집중력을 유지하는 습관을 계속 쌓아 보세요.	공부 도중 쉽게 산만해져요. 짧은 시간 집중과 휴식을 반복하는 방식이 도움이 돼요.	원리를 이해해야 실력이 느는 스타일이에요. 설명하거나 그림으로 정리해 보세요.

각 질문에 ✔ 한 개수를 아래 학습 유형별로 세어 보자.
가장 많이 체크한 유형이 바로 지금 나의 학습 유형이지.
두 개 이상의 유형에서 개수가 비슷하다면 나는 여러 특징을 가진 복합형일 수도 있어.
어떤 유형이든 괜찮아. 나를 아는 것, 그것이 가장 좋은 공부 습관의 시작이 될 거야.

	같은 내용을 여러 번 써 보며 외운다. ☐	집중할 땐 주변이 안 보일 정도로 몰입한다. ☐	'왜 그런지'를 생각하면서 공부하는 걸 좋아한다. ☐
	시험이 다가와야 공부할 마음이 생긴다. ☐	공부 중 자꾸 다른 물건을 만지거나 일어나게 된다. ☐	한 문제라도 틀리면 다시 풀어야 마음이 편하다. ☐
	주변 소음이 있어도 집중해서 공부할 수 있다. ☐	공부보다 유튜브나 게임이 더 끌려 자꾸 미룬다. ☐	요점 정리나 암기 카드를 만드는 걸 좋아한다. ☐
	배운 내용을 노트에 정리하거나 그림으로 표현한다. ☐	책상에 오래 앉아 있기 힘들어 자주 자리에서 일어난다. ☐	집중은 잘되지만 오래 유지되지는 않는다. ☐

암기형	회피형	완벽주의형
_____ 개	_____ 개	_____ 개
반복해서 외우는 능력이 뛰어나요. 암기 도구를 적극 활용해 보세요.	하기 싫은 감정이 공부를 방해해요. 작고 쉬운 목표부터 시작해 보는 게 좋아요.	완벽하려는 마음이 방해가 되기도 해요. 적당함도 필요해요.

나는 어떤 공부 스타일일까?

공부는 나의 기질과 학습 스타일을 이해하는 데서 출발해.
내가 어떤 기질을 가졌는지 알아보고
나에게 꼭 맞는 공부 방법을 함께 찾아보자.

한 과목만 파고드는 집중형

한 과목에 몰입해 성과를 내는 '집중형' 아이는 정말 멋져.

좋아하는 과목에 몰입할 수 있는 건 큰 강점이야. 하지만 시험은 대부분

종합 평가라 한 과목만 잘해선 전체 성적을 끌어올리기 어려울 수 있어.

그래서 중요한 건 균형이야.
과목이 너무 좋아서 그 과목부터 공부하게 된다면,
다른 과목도 함께 챙겨 보자. 좋아하지 않는 과목이라도
짧은 시간 꾸준히 하면 벼락치기하지 않아도
마음이 편해지고 실력도 자연스럽게 쌓일 거야.
균형 잡힌 공부가 진짜 실력으로 가는 지름길이지.

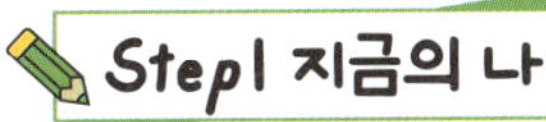

Step1 지금의 나

▶ 다음 질문을 읽고, 나와 더 가까운 쪽에 ✔ 해 보자.
체크한 것이 3개 이상이라면 집중형 학습자일 가능성이 높아.

질문	그렇다	아니다
나는 좋아하는 과목은 오래 집중해서 할 수 있다.	☐	☐
싫어하는 과목은 자꾸 미루게 된다.	☐	☐
한 번 시작하면 한 과목만 쭉 하고 싶다.	☐	☐
시험 때마다 벼락치기하게 되는 과목이 있다.	☐	☐

Step 2 더 나은 나

▶ 내가 가장 좋아하는 과목은?

집중력은 살리고, 균형은 맞추는
나만의 전략 세우기

▶ 그 과목을 공부할 때 나의 장점은?

▶ 내가 자주 미루는 과목은?

▶ 그 과목을 어떻게 챙겨볼 수 있을까? 예 좋아하는 공부하기 전 5분 공부하기

Step 3 적용하기

▶ 좋아하고 잘하는 과목에만 공부 시간을 다 쓰지 않도록 균형 있는 공부 계획
두 가지를 세워 보자. 예 수학 30분 ➡ 영어 단어 15분

☐　　　　　　　➡　☐

2 공부하다가 **딴짓하는 산만형**

다움이처럼 금방 산만해지는 아이들은

'나는 집중을 못 해'라고 생각하기 쉬워. 하지만 사실은 집중력이 부족한 게

아니라, 어떻게 집중해야 할지 그 방법을 잘 모르는 것일 수도 있어.

공부는 오래 붙잡고 있는 것보다
짧은 시간에 몰입하는 게
더 효과적일 때가 많아.
공부하다 몸이 들썩이면 스트레칭을 하거나
물을 마시는 것도 좋아. 이렇게 리듬을 만들어 가면,
산만한 아이도 얼마든지 공부 집중력을 기를 수 있어.

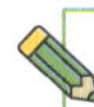 **Step 1 지금의 나**

▶ 공부하다 딴생각이 들거나 집중이 흐트러질 때의 상황을 떠올려 보고
이유를 적어 볼까?

예 같은 유형의 문제만 계속 풀어서 지루해짐.

 **Step 2 더 나은 나**

▶ 짧고 강하게! '15분 집중 루틴'을 연습해 보자.
오늘 하루, 이 방법을 언제 실천할지 계획을 세워 보는 거야.

집중 루틴 시간표

공부할 과목(내용)	시작 시간	집중 시간(분)	쉬는 시간에 하고 싶은 일

 **Step 3 적용하기**

▶ 공부하다 딴생각이 들 때, 내가 나에게 힘을 주는 응원 한 마디를 적어 보자.

나는 _______________________ 라고 말해 줄 거야!

공부 중에 산만해질 것 같으면, 나는 _______________ 을(를) 해 볼 거야!

외우는 것을 잘하는 암기형

암기를 잘하는 아이들은 외우는 속도가 빠르니까 성취감도 빨리 느껴. 그런데 이해하지 않고 외운 내용은 쉽게 잊히거나 응용 문제에서 막히는 일이 생길 수 있어.

그래서 암기형 아이들에게 중요한 건, 외운 걸 연결해서 이해하는 연습이야.
예를 들어 사회 단어를 외웠다면 그걸 실제 상황이나 그림, 표와 함께 떠올려 보는 식이지. 그렇게 하면 단순히 외우는 데서 끝나는 게 아니라 '외운 걸 활용하는 공부'로 발전할 수 있어.

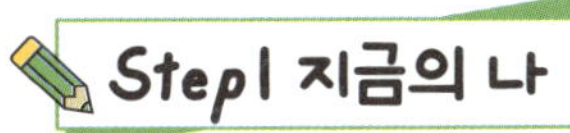

Step1 지금의 나

▶ 나는 어떤 방식으로 외울 때 오래 기억하는 것 같아?

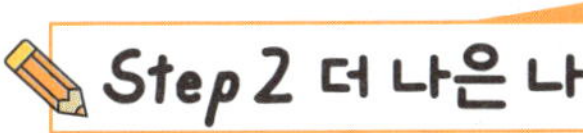

Step 2 더 나은 나

▶ 지금 공부하고 있는 단어나 개념 중 하나를 골라 그림을 그리고
  나만의 방식으로 표현해 보자.

내가 선택한 단어나 개념 적기

나만의 말로 설명하기

Step 3 적용하기

▶ 아래 방법 중에서 내가 앞으로 해 보고 싶은
  공부법을 골라 볼까? 두 가지 이상 골라도 괜찮아.

☐ 외운 것을 친구나 가족에게 말로 설명해 보기	☐ 개념을 정리한 그림이나 표를 만들어 보기	☐ 왜 그런지 '이유'를 함께 외우기
☐ 예시나 사례를 함께 외우기	☐ 나만의 질문 만들기	☐

무조건 '왜'부터 묻는 이해형

이해형 아이들은 원리를 꿰뚫는 힘이 있어서 한번 이해한 건

좀처럼 잊지 않아. 장기적으로 보면 정말 큰 강점이지.

다만 문제는 이해하는 데 시간이 오래 걸릴 수 있다는 점이야.

천천히 원리를 탐구해도 늦지 않아.

그래서 시험을 앞뒀을 때, 이해와 암기의 균형이 꼭 필요해. 특히 수학에서 '이건 그냥 약속이야' 하는 부분은 처음부터 깊이 파고들기보다 일단 외운 뒤에 이해하는 방식도 괜찮아. 시험이 바로 코앞이라면 공식부터 먼저 외우고, 시험이 끝난 다음에 천천히 원리를 탐구해도 늦지 않아.

Step 1 지금의 나

▶ 공부할 때 '왜 그런지'를 원리를 이해해야 마음이 놓이는 스타일이야?
내가 이해해야 공부가 잘되는 이유를 적어 보자.

(예) 원리를 알아야 문제를 풀 수 있어서

Step 2 더 나은 나

▶ 지금 내가 해야 할 공부 중에서 '암기부터 해야 하는 공부'와 '이해하며 할 공부'를 나눠서 적어 보자.

공부 내용	암기!	이해
(예) 분수 나눗셈	◯	분수 나눗셈이 왜 나누기인지

Step 3 적용하기

▶ 이해형인 경우, 시험이 임박했을 땐 '암기'하고, 시험 후에는 '이해'하기
루틴으로 공부하는 습관을 만드는 게 좋아.

시험 준비할 때 이해가 안 되면 (암기 먼저)하고,

시험 본 후에 (이해)하기로 할 거야.

"난 못해…" 하던 회피형

회피형 아이들은 책상 앞에 앉기 전부터 '난 못해'라는 생각에 눌리기 쉬워. 그래서 문제집을 펴는 순간 더 겁이 나고, 차라리 안 하는 게 낫다고 느끼게 돼. 그럴 땐 아주 쉬운 문제부터 시작하는 것이 좋아.

아주 쉬운 문제부터~

"어? 나도 할 수 있네?" 하는 작은 경험이 쌓이면, 점점 자신감이 생기거든.
공부는 '처음부터 완벽하게 잘하는 사람'이라서 하는 게 아니야. 작은 성공을 하나씩 지속적으로 이어 가는 사람이 결국 잘하게 되는 거야.

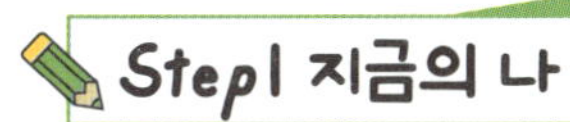

Step1 지금의 나

▶ 공부를 시작하려고 하면 어떤 생각이 먼저 떠오르는지 네 마음을 살펴보자.
  어떤 과목을 공부하려고 할 때 겁이 나?

▶ '이건 못해!'라고 느꼈던 적 있니? 예 서술형 문제를 보고

Step 2 더 나은 나

▶ 지금 가장 어려운 과목을 하나 떠올려 보고 그 과목에서 내가 정말 쉽게 풀 수
  있는 단원이나 문제 골라서 도전해 보자.

과목 이름	내가 쉽게 풀 수 있는 단원/문제	오늘 도전할 문제

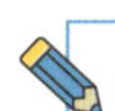

Step 3 적용하기

▶ 오늘 공부 중 '작은 성공 경험'을 스스로 칭찬해 보자.

오늘 나는 ____

문제를 풀었어. 이건 진짜 쉬웠고, 난 해낼 수 있었어!

그래서 지금 내 마음은 ____

"틀리면 안 돼!"의 완벽주의형

완벽주의형 아이들은 '틀리면 안 돼'라는 생각 때문에 문제를 끝까지 못 풀고 멈추는 경우가 많아. 글씨를 반듯하게 쓰는 건 좋은 습관이지만 그게 공부를 막는 벽이 되면 안 되지.

공부는 처음부터 완벽하게 하는 게 아니라, 실수하면서 고쳐 가는 과정이라고 생각해야 해. 틀린 문제는 네가 부족한 부분을 알려 주는 선생님이라고 생각해 봐. '완벽한 한 문제'보다 '조금 부족해도 끝낸 열 문제'가 훨씬 더 큰 힘을 만들어 준다는 걸 항상 기억해.

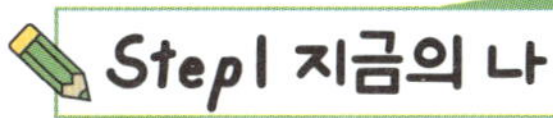
Step 1 지금의 나

▶ 문제를 틀렸을 때 가장 먼저 어떤 마음이 들어?

▶ 공부하면서 언제 내 스스로가 부족하다고 느껴?
예 글씨가 지저분하게 써졌을 때 / 친구보다 못할까 봐 불안할 때

Step 2 더 나은 나

▶ 틀린 문제를 복습하는 게 나를 얼마나 성장하게 만드는지 확인해 볼까?

Step 3 적용하기

▶ 오늘 내가 공부한 것들을 돌아보고 나 자신을 칭찬해 보자.

오늘 나는 ________________________ 을(를) 끝까지 풀었어. 조금 느리고 틀린 문제도

있었지만, 그걸 고치며 더 잘 알게 되었어. 앞으로는 '완벽하게 하려다가 멈추기'

보다는 ________________________ 을(를) 해 보려고 해.

7

공부할 때 자꾸 짜증이 난다면?

공부하다 보면 힘들고 짜증 나는 순간이 생기기 마련이야.

그런 이유로 공부를 미루거나 포기하려는 학생들도 있어.

하지만 공부는 원래 웃으면서 하는 게 아니야.

공부를 잘하는 학생들도 인상을 쓰고 끙끙대며 진지하게 해. 그런 과정을 통해 실력이 쌓이는 거야. 그러니 공부하다 짜증이 난다고 너무 걱정하지 마. 학생이라는 직업을 가진 이상, 그 마음을 꾹 참고 계속해 나가는 게 중요하다는 걸 잊지 마.

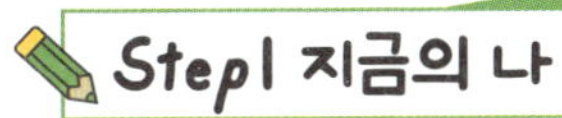

Step1 지금의 나

▷ 공부할 때 짜증 나는 순간이나 상황을 떠올려 보고, 그 이유를 써 볼까?

예 문제를 계속 틀리니 속상했다. 내가 머리가 나쁜 것 같아서.

Step 2 더 나은 나

▷ 부정적인 감정일지라도 감정을 있는 그대로 받아들이는 연습이 필요해.

▷ 그럴 때 나 자신에게 따뜻한 말 한마디를 건네는 연습을 해 봐.

나는 ________________________________ (이)라고 말해 줄 거야.

Step 3 적용하기

▷ 짜증이 날 때 감정을 다스릴 수 있는 루틴을 만들어 보면 도움이 될 거야.

☐ 심호흡 5번	☐ 물 마시기	☐ 잠깐 자리에서 일어나기
☐ 1분 동안 멍 때리기	☐ 좋아하는 책 보기	☐ 심호흡 5번

8

나의 직업은 학생

공부가 힘들고 재미없게 느껴질 때가 있을 거야.

하지만 지금 여러분의 직업은 '학생'이고,

학생의 일은 공부를 통해 자신을 성장시키는 거야.

누가 시켜서가 아니라 맡은 일을 책임지고 해내는 거지. 포기하고 싶을 때도 있겠지만 끝까지 해내는 힘은 그렇게 자라는 거야. 그러니 오늘 공부가 힘들더라도 이렇게 다짐해 보자.

"지금 내 직업은 학생이야. 오늘 내가 할 일은 공부야."
그렇게 한 걸음씩 나아가면, 분명 멋진 어른이 될 수 있어.

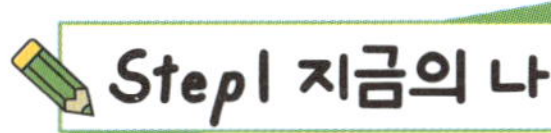

▶ 내 '직업'을 적고, 내가 '오늘 해야 할 일'이 무엇이 있는지 적어 볼까?

지금 내 직업은

오늘 내가 할 일은

▶ 내가 할 일을 잘하면 어떤 기분이 들지 생각해 봐.

| ☐ 뿌듯하다 | ☐ 기분 좋다 | ☐ 나도 할 수 있다는 생각이 든다 | ☐ 자신감이 생긴다 |

Step 2 더 나은 나

▶ 학생인 내가 오늘 해야 할 공부는?

Step 3 적용하기

▶ 나의 다짐을 적어 보자.

나는 지금 '학생'이라는 직업을 가진 사람으로서,

오늘   을(를) 책임지고 해낼 거야!

9

공부에는 장점만 있어

운동을 하다 보면 다칠 수도 있고,

게임을 하다 보면 중독에 빠지게 될 수도 있지.

하지만 공부는 아무리 열심히 해도 손해 볼 일이 없어.

오히려 할수록 머리도 좋아지고 자신감도 생기고,
미래를 준비하는 데에도 큰 도움이 돼.
공부에 단점이 많았다면
선생님도 굳이 권하지 않았을 거야.
공부에는 오로지 장점만 있어.
그러니 지금부터 마음을 제대로 먹고,
열심히 공부해 보자.

Step 1 지금의 나

▶ 공부하면 어떤 점이 좋아지는지 생각해 보고, 내가 느낀 공부의 장점을 써 보자.

예 공부는 하면 할수록 아는 게 많아져서 나에게 자신감을 준다.

Step 2 더 나은 나

▶ 공부할 때 가장 뿌듯했던 순간은?

☐ 문제를 처음으로 혼자 풀었을 때

☐ 선생님이나 부모님이 칭찬했을 때

☐ 예전보다 더 잘하게 된 걸 느꼈을 때

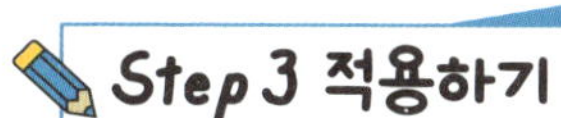

Step 3 적용하기

▶ 오늘 내가 공부로 쌓아 볼 '작은 보물' 하나를 정해 보자.

☐	☐	☐	☐
문제집 한 장 더 풀기	영어 단어 5개 외우기	독서록 쓰기	예습하기 복습하기

☐

2장

공부는 어떻게 시작할까?

공부를 시작하기 전에 갖추어야 할
기본 습관과 공부 환경이 무엇인지 알아보자.

자기 점검 습관

🏆 다음 항목을 읽고 나에게 해당하는 것에 ✔ 해 보자.

☐ 공부가 끝나면 그냥 책을 덮고 끝낸다.	☐ 공부하며 잘한 점과 부족한 점을 적어 본 적이 없다.	☐ 하루 공부가 잘 되었는지 확인하지 않는다.
☐ 계획만 세우고, 실행 후 점검하지 않는다.	☐	

선생님은 초등학교 때, 매일 공부가 끝나면 '오늘의 칭찬과 반성'을 노트에 적었어. 스스로 점검하는 습관이 쌓이니까 자연스럽게 내 공부를 내가 책임지게 되더라.

▶ 자기 점검 습관을 도와 줄 3분 루틴 방법을 소개할게.

1 오늘 공부에서 잘한 것 한 가지 적기

2 오늘 공부에서 아쉬운 것 한 가지 적기

3 내일 공부에서 꼭 실천할 한 가지 적기

▶ 일주일에 한 번, '이번 주에 가장 뿌듯했던 공부'와 '다음 주에 보완할 점'을 한 장에 정리하는 건 아주 좋은 방법이 돼.

▶ 오늘의 자기 점검을 기록으로 남겨 보자.

오늘의 칭찬:

오늘의 반성:

2 공부 환경 정리 습관

🔖 다음 항목을 읽고 나에게 해당하는 것에 ✔ 해 보자.

☐	☐	☐
책상 위에 오늘 공부와 상관없는 물건이 많이 있다.	공부할 때 주변 물건 때문에 자주 딴생각이 든다.	책상에서 공부하지 않고 아무곳에서나 한다.

☐	☐	☐
휴대폰을 책상 위에 두고 공부한다.	정리 정돈이 귀찮아서 그냥 넘어간다.	

나는 매일 공부를 시작하기 전에 '2분 정리'를 실천했어.
그렇게 시작하니 책상에 앉자마자 바로 공부를 시작할 수 있었고,
괜히 딴짓하는 시간이 줄었어.

▶ 공부를 시작하기 전에 실천할 2분 정리 루틴을 알려 줄게.

1 오늘 필요한 책과 필기구만 책상 위에 두기

2 공부와 상관없는 물건은 서랍이나 박스, 다른 방으로 치우기

3 휴대폰은 가방이나 다른 방에 두기

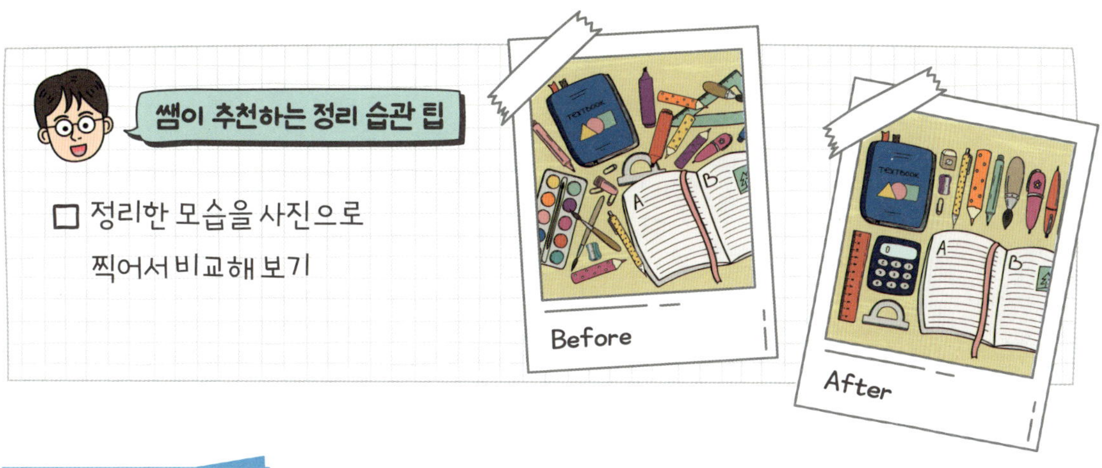

▶ 공부 환경 정리하는 일 중 오늘 실천한 것에 ✔ 해 보자.

정리 내용	그렇다	아니다
필요 없는 물건 치움	☐	☐
휴대폰 치움	☐	☐
정리한 모습을 사진으로 찍음	☐	☐
기타 ( )	☐	☐

3. 아침 공부 습관

📌 다음 항목을 읽고 나에게 해당하는 것에 ✔ 해 보자.

☐	☐	☐
아침 시간은 늘 허둥지둥 준비하다가 끝난다.	아침에 공부를 해 본 적이 없다.	아침에 공부하면 피곤해서 머리가 안 돌아간다.

☐	☐	☐
아침에 뭘 공부해야 할지 몰라서 시작을 못 한다.	전날 공부한 내용을 아침에 다시 본 적이 없다.	

나는 아침마다 15분씩 영어 단어를 외우는 습관이 있었어. 짧은 시간이지만 매일 하니까 습관이 되고, 점점 더 많은 영단어를 외울 수 있었어.
아침은 집중력이 좋아서, 밤보다 훨씬 더 효율적으로 공부할 수 있어.

▶ 아침 공부 루틴과 공부 팁을 읽고 실천해 보자.

1 전날 공부한 내용 5~10분 복습하기

2 오늘 배울 교과서 내용 1~2쪽 훑어보기

3 영어 단어·한자·구구단 등 암기 과제하기

☐ 미리 책상에 필요한 교재를 올려 두기
☐ 타이머를 10~15분으로 맞추고 짧게 집중

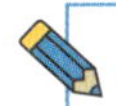

▶ 오늘 아침에 한 공부를 기록해 보자.

공부한 내용:	공부 시간:	느낀 점:

제대로 쉬는 습관

📌 다음 항목을 읽고 나에게 해당하는 것에 ✔ 해 보자.

| ☐ 쉬는 시간에 스마트폰이나 게임을 시작한다. | ☐ 쉬는 시간이 끝나도 다시 공부로 돌아가기 힘들다. | ☐ 공부와 쉬는 시간 구분 없이 책상에 앉아 있다. |
| ☐ 쉬는 시간 동안 몸을 거의 움직이지 않는다. | ☐ 쉬는 시간에도 머리가 복잡해서 공부가 안 된다. | ☐ |

선생님도 공부할 때 때마다 40분 공부 + 10분 휴식 규칙을 지키며 했어. 휴식은 공부를 방해하는 게 아니라 다음 공부를 더 잘하게 만드는 준비 시간이란 걸 알았기 때문이야.

▶ 똑똑한 휴식 루틴을 만들 수 있는 방법을 알려 줄게.

1 공부 시간과 휴식 시간을 미리 정하기

2 휴식 시간에는 스마트폰이나 TV 보기 대신 몸과 눈을 쉬게 하는 활동하기

3 휴식이 끝나면 바로 공부 시작하기 (타이머 활용)

쌤이 추천하는 휴식 활동 팁

- ☐ 간단 스트레칭
- ☐ 눈 감고 1분 쉬기
- ☐ 물 마시기
- ☐ 창밖 멀리 바라보기
- ☐ 가볍게 걸어 다니기

▶ 오늘 내가 한 휴식 활동을 적고 이것 외에 또 휴식 활동으로 할 만한 활동을 생각해 보자.

5 감사 일기 쓰는 습관

다음 항목을 읽고 나에게 해당하는 것에 ✔ 해 보자.

☐ 하루를 돌아보는 습관이 없다.	☐ 오늘 내 기분에 대해 생각해 본 적이 없다.	☐ 하루 동안 고마웠던 일을 떠올려 본 적이 거의 없다.
☐ 좋은 일이 있어도 금방 잊어버린다.	☐ 고마운 일이 있어도 금방 까 먹고 지나간다.	☐

나는 하루를 마무리할 때 꼭 감사 일기를 썼어.
처음엔 무엇을 쓸지 고민됐지만, 계속 쓰다 보니
좋은 일들이 더 잘 보이게 돼서 하루가 훨씬 즐거워졌어.

▶ 다음 내용을 참고해서 감사 일기 쓰는 것을 연습해 봐.

1 오늘 있었던 고마운 일 한 가지 적기

2 그 일 덕분에 내가 느낀 감정도 함께 적기

3 내일 내가 할 수 있는 작은 친절 한 가지 적기

▶ 오늘의 감사 일기를 적어 보자.

감사한 대상:

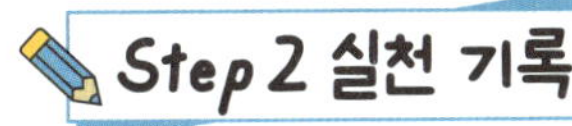

그때 나의 감정:

오늘 내가 감사하다고 느낀 일:

앞으로 나의 다짐:

6 건강관리 습관

🏷 다음 항목을 읽고 나에게 해당하는 것에 ✔ 해 보자.

☐	☐	☐
늦게 자고 아침에 일어나기 힘들다.	공부할 때 물을 잘 안 마신다.	한 시간 넘게 앉아 있어도 스트레칭을 하지 않는다.
☐	☐	☐
끼니를 자주 거른다.	공부에만 신경 쓰느라 몸 관리를 소홀히 한다.	

'건강 관리 = 공부 집중력의 에너지 충전'인 거야. 선생님은 공부할 때마다 50분~1시간에 한 번씩 자리에서 일어나 스트레칭을 했지.
이 작은 습관 덕분에 오히려 공부 시간이 더 길어졌고, 덜 피곤했어.

Step1 오늘의 실천

▶ 건강관리를 위한 루틴을 참고하며 공부할 때 컨디션을 좋게 유지해 보자.

1 일찍 자고 일찍 일어나며 충분한 수면 취하기

2 공부하는 동안 1시간마다 1~2분 스트레칭하기

3 하루 6~8잔 물 마시기

4 세 끼 식사 골고루 챙겨 먹기

5 집중력이 떨어지면 억지로 버티지 말고 잠깐 몸을 움직이기

6 단 음료 대신 물 마시기

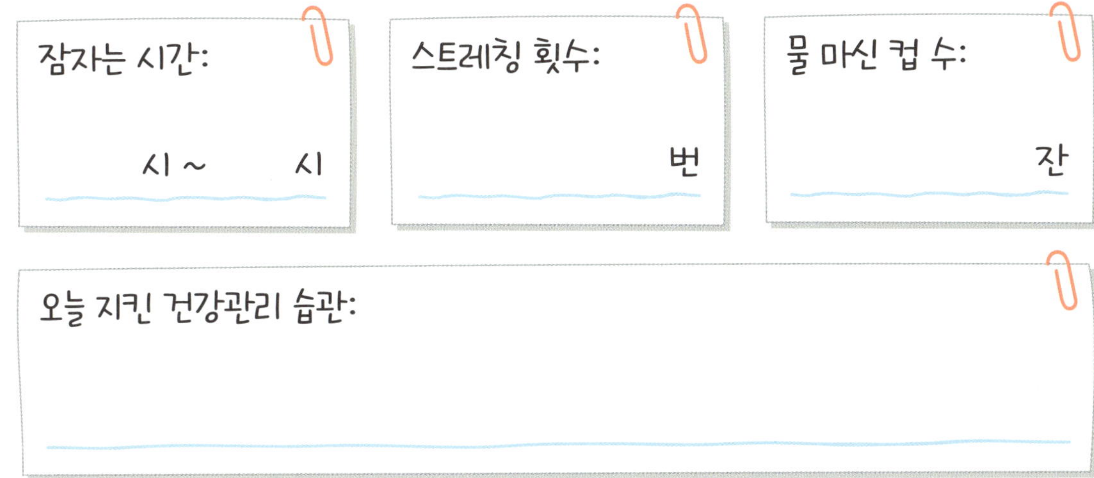

Step 2 실천 기록

▶ 오늘 내가 실천한 건강관리 내용을 적어 보자.

잠자는 시간:

　　　 시 ~ 　　 시

스트레칭 횟수:

　　　　　 번

물 마신 컵 수:

　　　　　 잔

오늘 지킨 건강관리 습관:

3장

수업은 어떻게 들으면 좋을까?

학교 수업을 잘 듣고, 이해하고,
질문하는 능력을 키워 보자.

수업을 열심히 듣는 습관

🔖 수업 중 나의 태도에 해당하는 것에 ✔ 해 보자.

☐ 피곤하면 수업 시간에 엎드려서 잔다.	☐ 한쪽 팔로 턱을 괸 채로 펜을 굴리며 듣는다.
☐ 눈은 칠판을 보고 있지만, 머리로는 딴생각을 하며 듣는다.	☐ 연필을 들고 교과서에 필기도 하고, 수업도 열심히 집중해서 듣는다.

▶ 학교 수업을 열심히 듣는 5가지 습관

습관 1 손으로 필기하면서 듣기

그냥 듣기만 하면 졸릴 수 있어. 손으로 밑줄을 긋거나 중요한 내용을 직접 적으며 들으면 훨씬 더 집중해서 들을 수 있게 돼.

습관 2 선생님 눈을 보며 듣기

선생님 얼굴을 보면서 들으면 집중이 잘 돼. 고개를 살짝 끄덕이면 '열심히 듣고 있어요!'라는 표현도 될 수 있지.

습관 3 자만하지 않기

"이건 쉬워." "이미 다 아는 내용이야." 하고 넘기면 중요한 걸 놓칠 수 있어. 이미 아는 내용도 다시 한번 집중해서 듣는 태도가 필요해.

습관 4 모르는 건 바로 표시해 두기

헷갈리는 부분이 나오면 체크해 두자. 나중에 꼭 다시 확인하면서 완전히 내 것으로 만들 수 있어.

습관 5 바른 자세로 수업 듣기

몸을 구부리거나 턱을 괴면 집중이 흐트러질 수 있어. 허리를 펴고 바르게 앉으면 마음도 공부할 준비가 돼.

▶ 오늘 내가 실천해 볼 공부 습관 한 가지를 써 볼까?

> **예** 손으로 밑줄 그으며 듣기, 선생님 눈 보며 집중하기, 바른 자세로 앉기

▶ 오늘 수업 중에 어려웠던 점이나 놓친 부분은 뭐가 있었을까?

수업 중 메모하는 습관

📌 다음 항목을 읽고 나에게 해당하는 것에 ✔ 해 보자.

☐	☐	☐
수업 시간에 필기하지 않고 듣기만 한다.	필기할 때 모든 내용을 다 적느라 놓치는 부분이 많다.	중요한 내용과 덜 중요한 내용을 구분하지 않는다.

☐	☐
나중에 필기를 봐도 이해가 안 된다.	

메모는 '잘 쓰는 글'이 아니라
내가 이해할 수 있는 공부 지도라고 생각하면 돼.

Step 1 오늘의 실천

▶ 3단계 메모 습관을 실천해 보고 나만의 공부 지도를 만들어 보자.

1단계 기록하기

선생님 말씀 중
중요한 내용,
칠판 필기, 예시 적기

2단계 표시하기

중요한 부분에
별표(★), 외워야 할
내용엔 밑줄

3단계 정리하기

수업 끝나고
5분 동안 메모를 다시
읽어 보면서 복습하기

Step 2 실천 기록

▶ 오늘 수업에서 내가 남긴 메모 예시를 책에 적어 보자.

과목명:

잘 몰라서 별표 표시해 둔 부분:

중요하다고 표시한 단어:

3 수업 중 질문하는 습관

📌 다음 항목을 읽고 나에게 해당하는 것에 ✔ 해 보자.

□	□	□
모르는 내용이 있어도 그냥 넘어간다.	수업 시간에 질문하기 부끄럽다고 느낀다.	궁금한 점을 기록하지 않는다.

□	□	□
질문하려다가 까먹는 경우가 많다.	한 번 이해 못한 내용을 계속 모른 채로 둔다.	

나는 수업 중 바로 질문하기 어려울 땐 노트에 '?' 표시하고
나중에 꼭 물어봤어. 이렇게 질문하는 습관이 수업 내용을 놓치지 않게 했어.
그러니 시험 준비도 훨씬 쉬워졌지.

▶ 다음 3단계 질문 습관과 질문하는 방법을 읽고 실천해 보자.

1단계 모르는 내용에 '?' 표시하기

2단계 쉬는 시간·수업 후·집에서 꼭 물어보기

3단계 답을 들은 뒤 노트에 다시 정리하기

질문은 이렇게 해 보자

☐ "왜 그런지" "어떻게 하는지" 중심으로 묻기
☐ 질문 내용을 메모해 두면 나중에 까먹지 않음

▶ 오늘 수업을 들으며 내가 한 질문을 적어 보자.

질문한 내용:

다시 정리한 내용:

소리 내어 설명하는 습관

📌 다음 항목을 읽고 나에게 해당하는 것에 ✓ 해 보자.

☐ 배운 내용을 말로 설명해 본 적이 거의 없다.	☐ 문제를 풀면 맞기는 하는데, 이유를 설명하기 어렵다.	☐ 공부하다가 막힌 부분을 확인하는 방법이 없다.
☐ 친구나 가족에게 공부한 내용을 말해 본 적이 없다.	☐ 공부한 것을 머리로만 기억하려고 한다.	☐

시험공부 할 때 나는 무조건 소리 내서 설명했어. 과학 단원을 공부했으면 책을 덮고 "식물은 광합성을 해서 양분을 만든다." 하고 내 입으로 말하는 식이지. 설명하다 막히면 그 부분이 바로 내가 제대로 이해하지 못한 부분이야.

 **Step1 오늘의 실천**

▶ 소리 내어 설명하기를 실천하면서 내가 무엇을 제대로 이해했고
무엇을 잘 모르는지 파악해 보자.

1 교과서를 덮고, 오늘 배운 내용을 1분 동안 말하기

2 막히는 부분에 표시하고 다시 책을 보며 확인하기

3 친구·부모님 앞에서 오늘 배운 걸 세 문장으로 요약해서 설명하기

쌤이 추천하는 설명 습관의 포인트

☐ 혼자서도 거울 보며 설명 가능
☐ 설명하다가 막힌 부분이 바로 복습 포인트

 **Step 2 실천 기록**

▶ 오늘 내가 설명한 내용을 적어 보자.

설명한 과목:

설명한 내용의 핵심 키워드:

막혔던 부분:

5 작은 시험 보는 습관

강의 영상
바로가기

🦷 다음 항목을 읽고 나에게 해당하는 것에 ✔ 해 보자.

☐	☐	☐
공부할 때 스스로 문제를 만들어 본 적이 없다.	시험을 보면 아는 것도 긴장해서 자주 틀린다.	내가 어떤 부분을 정확히 아는지 잘 모른다.

☐	☐	☐
공부한 내용을 확인할 방법이 없다고 생각한다.	오답을 다시 정리하지 않는다.	

나는 단원이 끝날 때마다 스스로 O, X 문제나 주관식 문제를 만들어 봤어.
작은 시험을 연습했던 습관 덕분에 잘 아는 부분과 부족한 부분을
확실히 파악할 수 있었지.

Step1 오늘의 실천

▶ 스스로 작은 시험을 보는 방법을 알려 줄게.

1 오늘 외운 내용으로 O, X 문제 3개 만들기

2 오늘 외운 내용으로 주관식 문제 2개 만들기

3 스스로 시험처럼 문제를 풀어 보고 채점하기

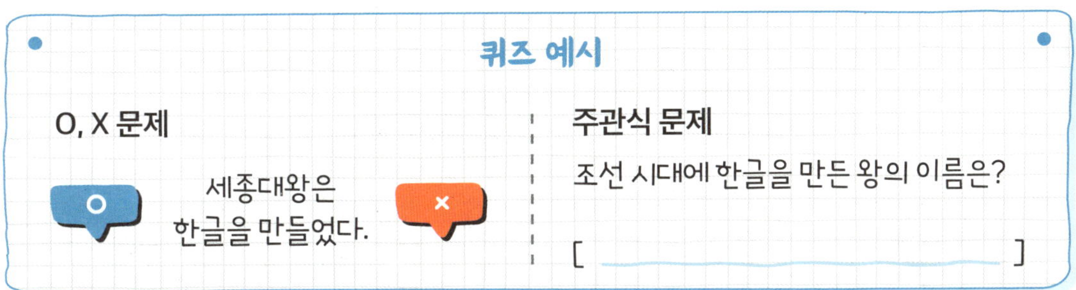

퀴즈 예시

O, X 문제

세종대왕은
한글을 만들었다.

주관식 문제
조선 시대에 한글을 만든 왕의 이름은?

[   ]

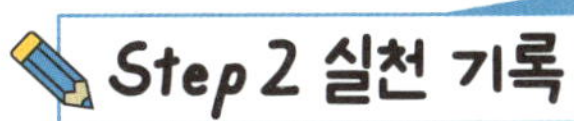

Step 2 실천 기록

▶ 여기에 오늘 내가 공부한 내용으로 작은 시험을 만들어 보자.

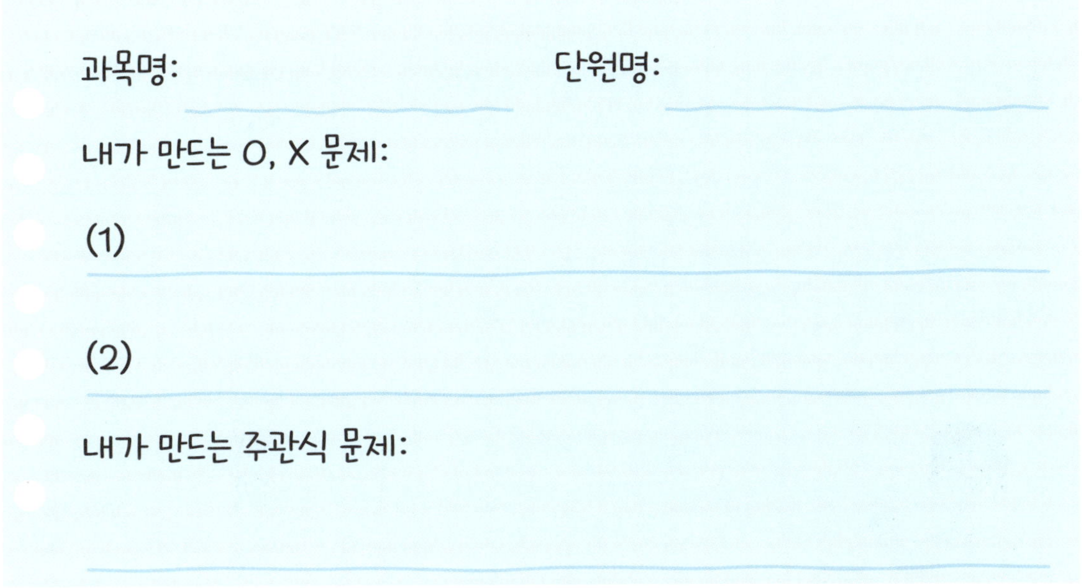

과목명: 단원명:

내가 만드는 O, X 문제:

(1)

(2)

내가 만드는 주관식 문제:

6. 배운 것을 정리하고 기억하는 복습 습관

🏹 다음 항목을 읽고 나에게 해당하는 것에 ✔ 해 보자.

☐	☐	☐
오늘 배운 걸 내 입으로 설명해 본 적이 없다.	틀린 문제는 다시 안 풀고 그냥 넘긴다.	공부한 내용을 다시 확인 하는 시간이 따로 없다.
☐	☐	☐
주말은 무조건 쉬는 날이라고 생각한다.	복습이 중요하다는 건 알지만 늘 미루게 된다.	

나는 매주 일요일 오전을 '복습의 날'로 정하고 실천했어. 그날은 일주일 동안 배운 내용을 다시 정리하고 틀린 문제를 다시 풀었지. 처음엔 귀찮았지만, 계속하다 보니 공부가 점점 쉬워졌고 시험도 자신 있게 볼 수 있었어.

Step 1 오늘의 실천

▶ 한 번 봤다고 다 기억할 수는 없기 때문에 여러 번 반복하는 게 꼭 필요하거든.
이제부터 어떻게 복습하면 좋은지 함께 알아보자.

누적 복습 10분 복습 루틴

- 한 단원 공부가 끝나면 바로 다음 단원으로 넘어가지 말고 전 단원에서 배운 내용을
  소리 내어 읽고 외우기
- 틀렸던 문제 공책에 적고 다시 풀기

일주일 복습 주말 복습의 날 만들기

- 토요일 또는 일요일 오전을 1시간 정도 복습 시간으로 정하기
- 일주일 동안 배운 내용 다시 쭉 살펴보기
- 틀린 문제 다시 풀기

Step 2 실천 기록

▶ 이번 주 복습의 날을 정해서 기록해 보자.

내가 복습할 요일은? ☐ 토요일 ☐ 일요일

몇 시에 복습할까? 내가 할 수 있는 시간의 칸에 색칠해보자.

오전 7시	오전 8시	오전 9시	오전 10시	오전 11시	오후 12시	오후 1시	오후 2시	오후 3시

오후 4시	오후 5시	오후 6시	오후 7시	오후 8시	오후 9시	오후 10시	오후 11시	오전 12시

☐ 오전 _______ 시   ☐ 오후 _______ 시

4장

집에서 공부하는 방법

집에서 스스로 공부할 수 있는
습관을 만드는 게 핵심이지.

공부 계획을 세우는 습관

🔖 다음 항목을 읽고 나에게 해당하는 것에 ✔ 해 보자.

☐ 오늘 어떤 공부를 할지 써 본 적이 거의 없다.	☐ 숙제나 공부할 내용을 적는 편이다.	☐ 공부할 때마다 순서를 정해서 하는 편이다.
☐ 공부 계획을 세우면 오히려 공부가 더 하기 싫다.	☐ 하고 싶은 것부터 해서 꼭 해야 하는 공부를 빼먹는다.	☐

해야 할 공부를 쓰고, 하기 싫은 공부부터 우선순위를 매겨서 계획표를 써 봐. 그러면 해야 할 공부를 놓치지 않고 할 수 있게 돼.

▶ 나만의 공부 계획 세우는 5가지 방법을 알려 줄게.

1 오늘 해야 할 공부 떠올려 보기

일과가 끝난 뒤, 오늘 꼭 해야 할 공부를 먼저 생각해 보자. 머릿속에만 두지 말고, 종이에 적는 것이 좋아.

2 가장 하기 싫은 공부부터 번호 매기기

하고 싶은 것부터 하면, 싫은 공부는 자꾸 미뤄지거든. 그래서 가장 하기 싫은 것부터 1번, 2번 순서로 적는 것이 필요해.

3 공부 시간 예상하기

각 공부가 몇 분쯤 걸릴지 스스로 생각해 보고 예상 시간을 적어 보자. 시간을 정해 놓으면 집중이 잘 돼.

4 실제로 걸린 시간 기록하기

공부할 때 타이머를 켜고 실제로 얼마나 걸렸는지 시간을 재 보자. 예상 시간과 비교하면 내 공부 습관을 더 잘 알 수 있게 돼.

5 계획 실천 여부 체크하기

계획한 공부를 잘 마쳤는지 O, X로 체크해 보자.
계획대로 했는지 확인하는 습관은 너무 중요해.

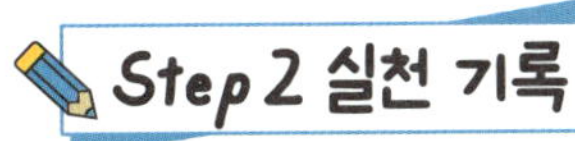

▶ 내가 플래너를 쓸 5일간의 날짜를 먼저 정해 보자.
다음 표에 공부 계획을 세우고 평일 동안 꾸준히 실천해 보자!

☐ 월 ☐ 일 ~ ☐ 월 ☐ 일

날짜	오늘 해야 할 공부	하기 싫은 순서 번호 매기기	예상 시간 (분)	실제 시간 (분)	실천 체크 (O/X)
/	• •				
/	• •				
/	• •				
/	• •				
/	• •				

날짜	오늘 해야 할 공부	하기 싫은 순서 번호 매기기	예상 시간 (분)	실제 시간 (분)	실천 체크 (O/X)
/	• •				
/	• •				
/	• •				
/	• •				
/	• •				

날짜	오늘 해야 할 공부	하기 싫은 순서 번호 매기기	예상 시간 (분)	실제 시간 (분)	실천 체크 (O/X)
/	• •				
/	• •				
/	• •				
/	• •				
/	• •				

날짜	오늘 해야 할 공부	하기 싫은 순서 번호 매기기	예상 시간 (분)	실제 시간 (분)	실천 체크 (O/X)
/	• •				
/	• •				
/	• •				
/	• •				
/	• •				

문제집을 푸는 올바른 습관

🦷 평소 내가 문제집을 풀 때 하는 행동이 있다면 해당하는 것에 ✔ 해 보자.

☐	☐	☐
개념을 외우지 않고 문제부터 바로 푼다.	막히는 부분이 생기면 개념 부분을 참고해 푼다.	헷갈리는 문제가 있다면, 답안지를 펼쳐서 본다.

☐	☐	☐
문제를 대충 읽다가 실수로 문제를 틀린 적이 있다.	틀린 문제는 한 번 고친 후에 다시 보지 않는다.	

문제집을 몇 권 풀었는가는 중요하지 않아. 여러 권을 풀더라도 올바르지 못한 태도로 풀면 의미가 없어. 한 권을 풀더라도 올바른 태도로 문제집을 풀어야 한다는 걸 꼭 기억해.

▶ 문제집을 바르게 푸는 습관 6가지를 알려 줄게. 천천히 읽고 실천해 봐.

습관 1 문제부터 바로 풀지 말고 개념부터 익히기

급하게 문제부터 풀지 말고, 개념을 읽고 이해한 다음 외워 보자.

눈으로 읽고, 소리 내고, 써 보며 머릿속에 개념을 이해해 보자.

습관 2 문제를 풀다가 막히면 틀린 표시하기

모르면 솔직하게 틀린 표시를 해 두자. 틀리기 싫어서 설명 부분으로

돌아가 개념을 그대로 베껴 쓰는 건 실력을 키우는 데 도움이 안 돼.

습관 3 어려운 문제는 최소한 8분 이상 생각하기

조금 어렵다고 바로 답을 보지 말고, 8분 이상 깊이 고민해 봐.

그래도 모르겠으면 힌트만 살짝 보고 다시 풀어 보는 연습을 하는 거야.

습관 4 문제는 처음부터 끝까지 꼼꼼히 읽기

문제에서 뭘 물어보는지는 문제를 마지막까지 읽어야 알 수 있어.

귀찮다고 중간에 넘기지 말고 문제를 끝까지 다 읽고 나서 풀이를 시작해야 해.

습관 5 틀린 문제는 최소한 3번 이상 다시 풀기

틀린 문제는 그냥 넘어가지 말고 최소 3번 이상 다시 풀어 보는 게 좋아.

그래야 실수도 줄고 진짜 실력이 쑥쑥 자랄 수 있어.

습관 6 짜증 나도 끝까지 풀기

공부하다 보면 잘 풀리지 않아 짜증 날 수도 있지만 힘을 내서 하는 거야.

공부란 짜증도 나고, 화도 나고, 끙끙대면서 조금씩 실력이 느는 과정이거든.

✏️ Step 2 실천 기록

▶ 오늘 내가 실천한 습관을 적고 느낀 점이나 다음에 더 잘하고 싶은 점은?

문제집 실수를 줄이는 습관

🗨 평소 수학 문제를 풀 때 왜 실수하는지 다음 항목을 읽고
나에게 해당하는 것에 ✓ 해 보자.

☐ 문제를 푼 후 검산하지 않아서	☐ 계산식을 쓰지 않고 암산으로 풀다가 실수해서
☐ 문제 풀 때 맞지 않는 공식(개념)을 적용해서	☐ 문제를 대충 읽어서

$S = a^2$

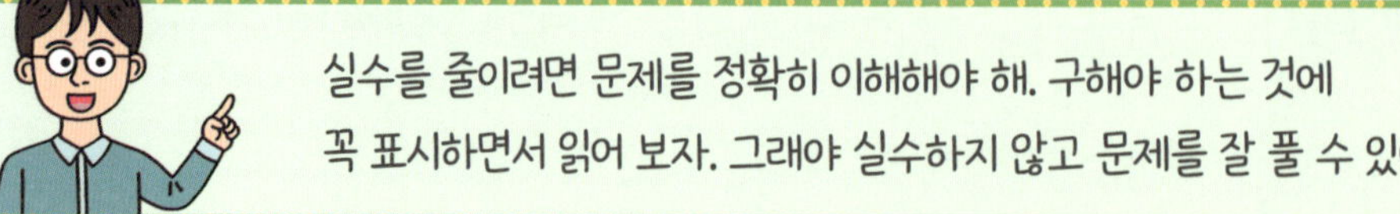
실수를 줄이려면 문제를 정확히 이해해야 해. 구해야 하는 것에
꼭 표시하면서 읽어 보자. 그래야 실수하지 않고 문제를 잘 풀 수 있어!

▷ 문제를 꼼꼼하게 읽는 3단계 방법을 알려 줄게.

1단계 문제를 쭉 한 호흡으로 읽으려고 하지 말고, 쉼표나 마침표가 나오면,
/ 표시를 하고 1초 정도 쉬었다가 그 다음 부분을 읽기.
쉼표나 마침표가 없더라도 3~4개의 단어를 읽은 뒤에는 1초 정도 쉬고,
그 다음 부분으로 넘어가서 읽기.

2단계 문제에서 숫자나 조건이 나오면 밑줄 또는 물결줄 표시해 두기.

3단계 구해야 하는 것에 네모 표시해 두기.

▷ 나는 어떤 방식으로 문제를 읽나요?

☐ 문제에 아무런 표시를 하지 않아요.

전체 길이가 9cm인 리본이 있습니다. 이 중 1/3을 선물을 포장하는
데 사용했다면, 남은 리본의 길이는 몇 cm일까요?

☐ 모든 문장에 밑줄을 그으면서 읽어요.

전체 길이가 9cm인 리본이 있습니다. 이 중 1/3을 선물을 포장하는
데 사용했다면, 남은 리본의 길이는 몇 cm일까요?

☐ 구해야 하는 것에 표시하면서 읽어요.

전체 길이가 9cm인 리본이 있습니다. / 이 중 1/3을 선물을 포장하는
데 사용했다면, / 남은 리본의 길이는 몇 cm일까요?

▶ 다음 빈칸을 채우면서 '문제를 꼼꼼하게 읽는 방법'을 정리해 보자.

> **1단계** 문제를 쭉 한 호흡으로 읽으려고 하지 말고, (쉼표)나 (마침표)가 나오면,
>
> / 표시를 하고 1초 정도 쉬고 그 다음 부분을 읽기. 쉼표나 마침표가 없더라도
>
> 3~4개의 단어를 읽은 뒤에는 1초 정도 쉬고, 그 다음 부분으로 넘어가서 읽기.
>
> **2단계** 문제에서 (숫자) 나 (조건) 이 나오면 밑줄 또는 물결줄 표시해 두기
>
> **3단계** (구해야 하는) 것에 네모 표시해 두기

▶ Step 2에서 정리한 방법에 따라 직접 표시해 보세요.

> 전체 길이가 9cm인 리본이 있습니다. 이 중 1/3을 선물을 포장하는
> 데 사용했다면, 남은 리본의 길이는 몇 cm일까요?

▶ 내가 표시한 것이 아래와 같은지 확인해 보세요.

1단계

전체 길이가 9cm인 리본이 있습니다. /이 중 1/3을 선물을 포장하는
데 사용했다면, /남은 리본의 길이는 몇 cm일까요?

2단계

전체 길이가 9cm인 리본이 있습니다. /이 중 1/3을 선물을 포장하는
데 사용했다면, /남은 리본의 길이는 몇 cm일까요?

전체 길이가 9cm인 리본이 있습니다. / 이 중 1/3을 선물을 포장하는 데 사용했다면, / 남은 리본의 길이는 몇 cm일까요?

✏️ Step 4 적용하기

▶ 3단계 표시 방법을 기억하면서, 실제 수학 문제에 적용해 보세요.

연습1 스스로 표시해 보기

봉지에 사탕이 12개 들어 있습니다. 이 중에서 1/3이 딸기 맛이고, 1/2이 사과 맛입니다. 딸기 맛과 사과 맛 사탕은 각각 몇 개일까요?

이렇게 표시했나요?

봉지에 사탕이 12개 들어 있습니다. 이 중에서 1/3이 딸기 맛이고, / 1/2이 사과 맛입니다. / 딸기 맛과 사과 맛 사탕은 각각 몇 개일까요?

연습2 스스로 표시해 보기

00 초등학교의 합창단 단원은 모두 18명입니다. 이 중의 1/9이 바이올리니스트라면, 바이올리니스트는 몇 명일까요?

이렇게 표시했나요?

00 초등학교의 합창단 단원은 모두 18명입니다. / 이 중의 1/9이 바이올리니스트라면, / 바이올리니스트는 몇 명일까요?

4 스스로 채점하는 습관

강의 영상 바로가기

📌 다음 항목을 읽고 나에게 해당하는 것에 ✓ 해 보자.

☐ 채점을 하지 않고 넘어간다.	☐ 문제를 풀며 왜 틀리고 맞았는지 생각하지 않는다.	☐ 채점은 선생님이나 엄마의 몫이라 생각한다.
☐ 시험이나 숙제에서 늘 비슷한 실수를 한다.	☐ 채점이 귀찮아서 대충 한다.	☐

나는 문제를 풀고 채점할 때 항상 빨간 펜을 썼어. 틀린 문제 옆에는 틀린 이유를 간단히 적고, 다시 풀기 날짜를 표시했어. 이렇게 하니까 틀린 문제들이 점점 줄어들고, 실수도 확 줄었어.

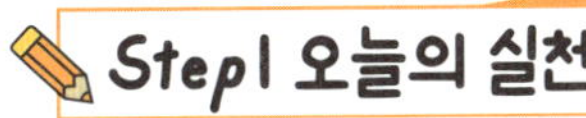

▶ 다음 내용을 참고해서 스스로 채점하는 루틴을 연습해 보자.

1 문제를 다 풀고 나서 바로 채점하기

2 틀린 문제 옆에 틀린 이유 적기 (계산 실수, 개념 부족, 문제 이해 오류 등)

3 틀린 문제는 바로 다시 풀기

4 필요하면 '오답 노트'에 정리하기

☐ 틀린 문제에 체크 표시 대신, 틀린 이유를 꼭 적기
☐ 비슷한 실수가 2번 이상 나오면 그 부분 집중 공부하기
☐ 채점 시간도 공부 계획에 포함하기

이유 메모

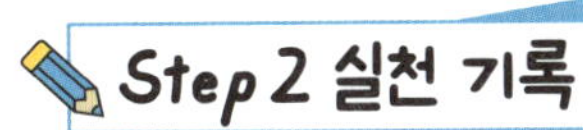

▶ 오늘 공부한 것을 채점하고 기록으로 남겨 보자.

과목명:

맞은 문제: 개   틀린 문제: 개

틀린 문제 번호:

틀린 이유:

5 틀린 문제 다시 푸는 습관

강의 영상
바로가기

다음 항목을 읽고 나에게 해당하는 것에 ✔ 해 보자.

☐ 틀린 문제를 다시 보지 않고 그냥 넘어간다.	☐ 같은 유형의 문제를 계속 틀린다.	☐ 오답 노트를 활용하지 않는다.
☐ 틀린 문제 체크를 늘 미룬다.	☐ 틀리면 답지의 답만 체크해 둔다.	☐

틀린 문제는 그날 바로 다시 풀어 보는 게 가장 확실한 복습이 돼.
오답 노트를 만드는 것보다 직접 다시 풀어 보는 과정에서 실력이 자랄 거야.

▶ 다음 방법으로 틀린 문제를 복습하고 오답 관리를 실천하면 실수가 줄 거야.

1 문제를 틀린 당일, 다시 한번 풀기

2 단원 마무리 때, 틀린 문제 다시 풀기

3 문제집 끝낼 때, 틀린 문제 다시 풀기

- ☐ 오답 노트 대신 틀린 문제를 직접 다시 풀자.
- ☐ 내가 풀었던 풀이는 노트로 가리고, 문제만 보면서 다시 풀어 보자.
- ☐ 왜 틀렸는지 간단히 원인만 문제 위에 적기 (계산 실수, 조건 놓침, 개념 부족)
- ☐ 3번 반복하면 비슷한 문제는 틀릴 가능성이 줄어든다.

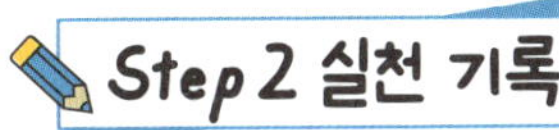

▶ 오늘 틀린 문제와 몇 번을 다시 반복해서 풀었는지 기록해 보자.

요일	오늘 틀린 문제 수	오늘 다시 푼 문제 수	몇 번 반복했는지 1, 2, 3차
월	개	개	① / ② / ③
화	개	개	① / ② / ③
수	개	개	① / ② / ③
목	개	개	① / ② / ③
금	개	개	① / ② / ③

집중력을 높이는 습관

📌 내가 예상한 나의 공부 집중 시간은 몇 분인지 ✔ 해 보자.

☐ 10분 미만	☐ 10~20분	☐ 20~30분	☐ 30~40분
☐ 40~50분	☐ 50분~1시간	☐ 1시간 이상	☐

나의 평소 공부 모습을 떠올려 보면서
내가 딴짓이나 딴생각하지 않고 자리에 앉아서
몇 분 정도 집중해서 공부할 수 있는지를 체크해 봐.

▶ 다음 순서대로 따라하며 내가 공부에 집중하는 시간을 파악해 보자.

1 타이머 준비

집에 타이머가 있다면
그걸 쓰고, 없다면 부모님
휴대전화를 빌리거나 부모님께
시간을 재 달라고 부탁해 봐.

2 공부 시작

공부를 시작할 때 시작 버튼을 누르자.
집중이 안 되거나, 자꾸 딴생각이 들거나,
다른 행동을 하게 되면 종료 버튼을
누르고 이때 걸린 시간을 기록하는 거야.

3 공부에 집중한 평균 시간 계산하기

기록한 5번의 시간을 모두 더하고, 그걸 5로 나누면, 그게 바로 나의 평균 집중
시간이야. 다음 표를 활용해서 평균 집중 시간을 구해 보자.

회차	날짜	집중 시간
1회차		
2회차		
3회차		
4회차		
5회차		
합계		
평균 (합계 나누기 5)	총 (　　　)분 ÷ 5 = (　　　)분	

이렇게 내 집중 시간을 알게 되면, 앞으로 어떤 식으로 공부하면 좋을지
나만의 공부 계획을 세우는 데 큰 도움이 될 거야.

▶ 나의 평균 집중 시간을 적용해서 규칙적으로 공부하고 쉬는 시간 계획을
세워서 실천해 보자.

(　　　)분 공부하고 10분 쉬는 루틴을 반복

주말 공부 습관

나는 평소 주말에 얼마나 공부하고 있을까 ✔ 해 보자.

☐ 아예 주말 공부를 하지 않는다.	☐ 하루에 30분 미만	☐ 하루에 30분~1시간
☐ 하루에 1~2시간	☐ 하루에 2시간 이상	☐

주말에도 조금씩 공부하면 월요일에 집중하기가 훨씬 쉬워져.
주말은 평일에 못 한 복습이나 하고 싶은 공부를 할 수 있는 좋은 시간이야.
지금부터라도 하루 30분씩 공부하는 습관을 만들어 보자.

▷ 주말 공부 루틴을 위한 습관을 알려 줄테니 실천해 봐.

습관 1 평일 루틴은 주말에도 유지하기

평일에 매일 풀던 문제집이 있다면, 주말에도 하루 한 장씩 이어가 보자.
주말에 손을 놓지 않고 루틴을 지키면 공부 습관이 무너지지 않아.

습관 2 주말만 하는 '보충 공부' 만들기

평일에 시간이 없어서 못했던 과목이나 어려웠던 내용을 주말에 보충해
보자. 특히 잘 안 풀리던 과목의 문제집을 '주말 전용'으로 정해 두고 조금씩
풀면 좋아.

습관 3 평일 공부 복습하기

주말에는 이번 주에 배운 내용을 다시 읽으며 복습해 보자. 이렇게 하면
새로 배운 내용이 머릿속에 오래 남을 거야.

습관 4 틀린 문제 다시 풀어 보기

평일에 틀린 문제를 주말에 다시 풀어 보면 실수를 반복하지 않을 수 있어.
특히 수학은 풀이 과정을 점검하고, 틀린 문제를 따로 모아 정리하는 습관
을 들이자.

✏️ *Step 2* 실천 기록

▷ 주말에만 하는 '보충 공부' 한 가지 정하기

▷ 이번 주에 배운 내용 중 다시 복습할 것 한 가지는?

5장

과목별 공부법

습관이 잡힌 후, 실력을 키우려면
과목별 학습 전략을 세워야 해.

독서 습관

 하루에 책을 얼마나 읽는지 나에게 해당하는 것에 ✓ 해 보자.

□ 매일 2시간 이상	□ 1~2시간	□ 매일 30분 ~ 1시간	□ 매일 30분 미만
□ 아예 책을 읽지 않는다.	□		

책은 나를 더 똑똑하게 만들어 주는 최고의 친구야.

줄글 책을 많이 읽을수록 어휘력, 상상력, 집중력, 공감 능력이 쑥쑥 자란단다.

게임만큼 신나지는 않아도, 나를 멋지게 성장시키는 힘은 바로 책 속에 있어.

▶ **책을 읽는 습관이 왜 중요한지 다음 내용을 읽고 독서 습관을 만들어 봐.**

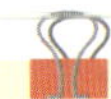

1 독서를 하면 '어휘력'이 쑥쑥 자라!

책을 읽지 않으면 어려운 단어를 이해하기 힘들고, 발표나 글쓰기를 할 때도
쉬운 단어만 반복해서 쓰게 돼. 반대로 어릴 때부터 책을 많이 읽은 친구는
자연스럽게 다양한 단어를 접하면서 어려운 말도 쉽게 이해할 수 있지.

2 독서는 생각하는 힘을 키워 줘

책을 읽다 보면 내용을 머릿속으로 떠올리고, 상상하고, '이건 왜 그랬을까?' 하고
스스로 고민하는 힘이 생겨. 이런 힘은 다른 어떤 공부보다도 독서를 통해 가장
잘 길러질 수 있어.

3 독서를 하면 공부도 잘하게 돼

공부를 잘하려면 교과서나 시험 지문을 끝까지 집중해서 읽는 능력이 필요해.
어릴 때부터 책을 많이 읽은 친구들은 줄글 읽는 힘이 강해져서 교과서도,
긴 문제도 쉽게 이해할 수 있게 되지.

4 책은 내가 경험하지 못한 것을 대신해

모든 걸 직접 해 보는 건 어려운 일이지. 하지만 책을 읽으면 가보지 못한 나라,
해 보지 못한 일을 간접적으로 경험할 수 있어. 다양한 책을 읽으면 배경지식도
늘고, 세상을 보는 눈도 넓어져.

5 책을 읽으면 집중력이 생겨

영상은 그냥 보기만 해도 되지만 책은 스스로 상상하고 생각하며 읽어야 해.
그래서 책을 읽으면 자연스럽게 집중하는 습관이 생기지. 공부할 때나
수업 시간, 시험을 볼 때도 집중력은 아주 중요한 힘이 될 거야.

6 책은 공감하는 마음을 키우지

친구들과 잘 지내려면 내 이야기만 하는 게 아니라 다른 사람의 마음도 이해하는
태도가 필요해. 소설이나 동화책을 많이 읽으면 다양한 인물들의 마음과 상황을
함께 느끼게 돼. 그래서 책을 읽는 사람은 자연스럽게 공감 능력도 자라고,
친구 관계도 더 좋아질 수 있어.

책 읽기가 좋아지는 독서 습관

강의 영상
바로가기

📌 **나는 책을 어떻게 읽는 사람인지 나에게 해당하는 것에 ✔ 해 보자.**

☐	☐	☐
책을 읽다가 모르는 단어가 나와도 그냥 넘어가는 편이다.	책을 읽을 때, 중간에 자주 집중이 흐트러진다.	책을 읽고 나서 어떤 내용이었는지 잘 기억이 안 난다.
☐	☐	☐
책을 읽은 뒤, 누구에게 이야기해 본 적이 거의 없다.	읽고 싶은 책보다 억지로 읽어야 하는 책이 더 많다.	

책을 어떻게 읽는지가 책을 얼마나 좋아하게 될지를 정하게 될 거야.

▶ 책 읽기가 좋아지는 5가지 방법을 알려 줄게. 읽어 보고 하나씩 실천해 보자.

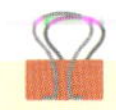

1 다양한 분야의 책 읽기

혹시 재미있는 책, 좋아하는 분야의 책만 골라 읽고 있지 않니? 학생은 하고 싶은 것만이 아니라 하기 싫은 것도 배우며 성장하는 사람이야. 싫어하는 분야라도 일주일에 한 권씩 도전해 보자. 생각보다 재미있고, 새로운 지식도 얻을 수 있을 거야.

2 책을 다 읽은 뒤에는 독서록 쓰기

책을 읽고 난 뒤에는 무엇을 느꼈는지, 어떤 생각이 들었는지 독서록으로 남겨보자. 글쓰기 실력도 좋아지고, 책 내용도 훨씬 오래 기억할 수 있게 돼.

3 매일 10분씩 소리 내어 책 읽기

책을 눈으로만 읽으면 대충 넘기게 될 수 있지. 매일 단 10분이라도 소리 내어 읽으면 집중력과 말하는 힘이 함께 자랄 거야. 초등학교 6년 동안 이 습관을 계속해야 해.

4 매주 하루, 싫어하는 책만 읽는 날 정하기

자꾸 싫어하는 분야는 피하게 된다면, '싫어하는 책만 읽는 날'을 정해 보자. "매주 토요일은 과학책만 읽는 날!" 이런 규칙을 만들면 싫은 분야도 자연스럽게 익숙해질 수 있을 거야.

5 책을 좋아하려는 마음 갖기

'책은 재미없어.'라고 생각하면 책이 점점 더 싫어질 거야. "나는 책을 좋아한다, 책 읽기는 재미있다." 하고 스스로에게 말해 보자. 생각을 바꾸면 마음도 바뀌고, 독서 습관도 달라질 거야.

3 초등 국어 공부 습관

나는 국어 실력을 키우기 위해 무엇을 하고 있는지 해당하는 것에 ✔ 해 보자.

☐ 한자 공부하기	☐ 국어 교과 문제집 풀기	☐ 글쓰기 연습
☐ 국어사전 활용하기	☐ 국어 독해 문제집 풀기	☐

국어 실력을 키우는 가장 좋은 방법은 '어휘력'을 기르는 것이야.
어휘력은 한자 공부, 국어사전 활용, 독해와 글쓰기 연습, 교과 문제집 복습
같은 다양한 활동을 통해 천천히 쌓이지. 매일 하나씩 실천해 보면서
국어 공부 습관을 만들어 보자.

▶ 초등학생 때 꼭 하면 좋은 국어 공부 습관을 알아보고
아직 내가 실천하고 있지 않은 것이 있다면 한 가지씩 실천하고 연습해 보자.

1 한자 공부로 어휘력 키우기

우리가 쓰는 말 중에는 한자로 만들어진 단어가 정말 많아. 예를 들어 '강수량'도 한자어지. '내릴 강(降), 물 수(水), 헤아릴 량(量)'이라는 한자를 알면 '내린 물의 양'이라는 뜻이 쉽게 떠오르겠지! 이렇듯 한자 공부는 새로운 어휘를 더 빠르게 이해하는 데 도움이 돼. **추천 교재:『한자 어휘가 답!』(서사원주니어)**

2 국어 교과 문제집 풀기

학교 국어 수업이 어렵게 느껴지거나 복습이 필요할 땐 국어 교과 문제집으로 다시 정리해 보는 게 좋아. 바로 문제부터 풀기보다, 먼저 교과서나 개념 부분을 차분히 읽고 외운 뒤 문제를 푸는 거지.
추천 교재:『우등생 해법 국어』(천재교육),『EBS 초등 만점왕』(한국교육방송공사)

3 글쓰기 연습

중학생이 되면 글 쓰는 일이 많아질 거야. 글을 잘 쓰고 싶다면 지금부터 하지 않으면 안 돼. 독서록도 좋고, 일기나 생각 글을 써 보는 것도 좋아. 글쓰기 교재를 활용하면 더 체계적으로 실력을 키울 수 있을 거야.
추천 교재:『이은경쌤의 초등 글쓰기 완성 시리즈』(상상아카데미),『초등 고전 읽기 수업』(서사원주니어)

4 국어사전 활용하기

모르는 단어를 그냥 넘기면 다음에 또 막히게 돼. 국어사전으로 직접 뜻을 찾아보고, 내 어휘 노트에 적어 보는 습관을 만들자. 이렇게 모은 단어는 너만의 '보물 사전'이 될 거야. **추천 사전:『속뜻풀이 초등국어사전』(속뜻사전교육출판사)**

5 국어 독해 문제집 풀기

고학년이 되면 지문을 읽고 이해하는 힘이 더 중요해지지. 문제만 풀기보다 먼저 '한 문단 요약하기'부터 만들어 보자. 요약 실력이 쌓이면 독해 문제도 더 잘 풀 수 있어.
요약 연습용 추천 교재:『요약독해의 힘』(길벗스쿨),『한 문장 정리의 힘』(메가스터디북스)
독해 문제집 추천:『용선생 추론독해 초등 국어』(사회평론주니어),『백점백승 유형 독해』(메가스터디북스)

연산 문제집 푸는 습관

📌 다음 항목을 읽고 나에게 해당하는 것에 ✓ 해 보자.

☐	☐	☐
계산 실수 때문에 아는 문제도 자주 틀린다.	연산 문제집을 풀다가 금방 지루해서 멈춘다.	연산 문제는 중요하지 않다고 생각한다.

☐	☐	☐
시험 시간에 계산하느라 시간이 오래 걸린다.	연산 문제를 꾸준히 푼다.	

나는 초등학교 때 매일 아침, 학교 가기 전 10분 동안 연산 문제집을 풀었어. 이 습관 덕분에 중학교에 가서 시험 문제를 풀 때 계산 때문에 시간을 낭비하지 않았어.

► 연산 문제집 공부 루틴과 공부 팁을 읽고 실천해 보자.

1 매일 15~20분, 꾸준히 연산 문제집 풀기

2 틀린 문제는 왜 틀렸는지 꼭 확인하기 (계산 실수 vs 개념 부족)

3 실수하지 않도록, 컨디션이 좋을 때 풀기

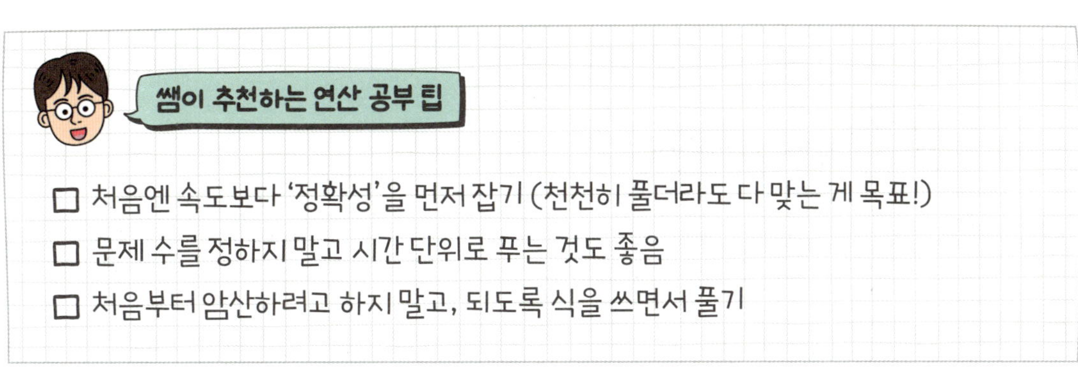

► 오늘의 연산 연습을 기록해 보자.

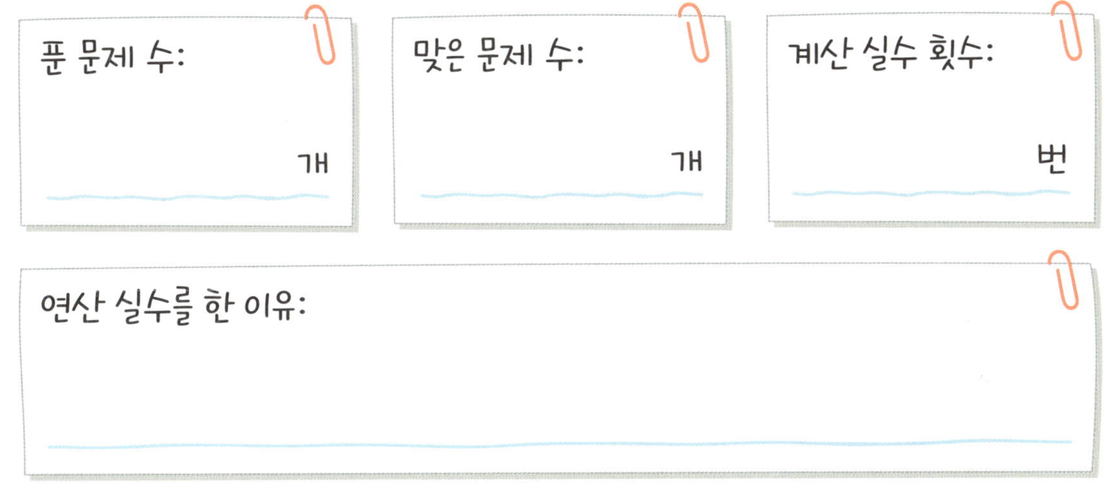

5 심화 문제집 푸는 습관

📌 다음 항목을 읽고 나에게 해당하는 것에 ✔ 해 보자.

☐ 수학은 연산 문제만 풀어도 충분하다고 생각한다.	☐ 어려운 문제를 만나면 바로 포기한다.	☐ 애매한 문제였지만 답만 맞으면 다시 보지 않는다.
☐ 복잡해 보이면 정답지부터 본다.	☐ 문제 속 조건을 꼼꼼히 정리하지 않는다.	☐

심화 문제는 많이 푸는 것보다, 한 문제를 깊게 고민하는 습관이 더 중요해. 처음엔 어렵지만 조건을 꼼꼼히 읽고 여러 각도로 생각하는 힘이 시험장에서 진짜 실력이 될 거야.

▶ 심화 문제집 공부 루틴과 문제집 고르는 팁을 읽고 실천해 보자.

1 하루에 적어도 2~3문제는 꾸준히 풀기 (많이보다 꾸준히!)

2 모르는 문제는 최소 10분 이상 고민하기

3 문제 속 조건을 밑줄 긋거나 메모하면서 정리하기

4 맞은 문제도 답안지 속 풀이와 나의 풀이 비교하기

☐ 정답률이 60~70% 정도 되는 교재 선택하기　☐ 연산과 심화를 균형 있게 공부하기
☐ 너무 어려운 문제집은 피하고 도전할 만한 난이도로 고르기

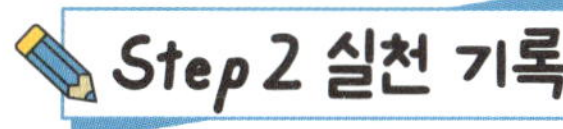

▶ 이번 주 동안 내가 푼 심화 문제의 수를 기록하고 습관을 점검해 보자.

요일	오늘 푼 문제 수	잘 풀린 문제	어려운 문제
월	개		
화	개		
수	개		
목	개		
금	개		

성공 노트 쓰는 습관

다음 항목을 읽고 나에게 해당하는 것에 ✔ 해 보자.

□	□	□
수학 공부를 하면 자신감이 떨어진다.	내가 잘 푼 문제를 기록해 본 적이 없다.	수학에 대한 긍정적인 기억이 별로 없다.
□	□	□
시험 기간이 되면 늘 불안하다.	공부가 끝나면 그냥 덮고, 점검하지 않는다.	

매일 공부가 끝난 뒤, 오늘 잘한 걸 한 줄씩 적어 봐.
나중에는 그 기록을 읽기만 해도 자신감을 주는 응원이 될 거야.

▶ 수학 성공 노트 작성 팁을 읽고 실천해 보자.

1 오늘 공부에서 확실히 이해한 내용 1개 적기

2 오늘 제대로 풀었던 문제 1~2개 번호 적기

3 그 문제를 풀면서 느낀 점을 1줄 쓰기

쌤이 추천하는 성공 노트 작성 팁

☐ 길게 쓸 필요 없이 오늘 새로 알게 된 개념 2~3줄 적기
☐ 틀린 문제대신 '잘 풀었던 문제'도 1~2문제 기록하기
☐ 시험전, 성공 노트를 다시 읽으면 자신감이 두 배가 되니 꼭 읽기

▶ 수학 성공 노트를 작성하고 오늘의 공부를 점검해 보자.

오늘 내가 확실히 이해한 수학 개념:

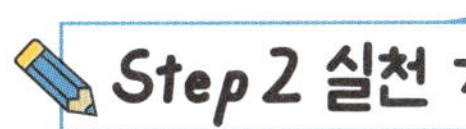

오늘 제대로 풀었던 문제 번호:　　　　　　　페이지:

그 문제를 제대로 잘 풀었을 때의 기분:

수학 약점 보완하는 습관

🎯 다음 항목을 읽고 나에게 해당하는 것에 ✓ 해 보자.

☐	☐	☐
진도만 빠르게 나가고, 어려운 부분은 넘어간다.	수학에서 어떤 부분이 약한지 잘 모르겠다.	도형, 문장제, 분수·소수 같은 부분을 피하고 싶다.
☐	☐	☐
약점을 보충하는 공부는 귀찮아서 잘 하지 않는다.	비슷한 유형만 나오면 늘 틀린다.	

나도 초등학교 때 '분수'가 제일 어려웠어. 하지만 약한 부분을 피하지 않고 집중해서 연습하니 자신감이 생기더라! 약점을 정면으로 마주하는 것, 그게 수학 실력을 키우는 시작이 돼.

Step 1 오늘의 실천

▶ 수학 공부의 약점을 보완할 방법을 알려 줄게. 다른 과목에 적용하는 것도 좋아.

1 최근에 틀린 문제들을 모아 보고, 자주 틀린 부분을 표시하기

2 어떤 단원이 특히 어렵게 느껴졌는지 체크하기

3 약점 단원은 보충 문제집이나 추가 연습으로 보완하기

수학 약점별 보충 공부 예시

☐ 도형이 약하다면 : 『도형학습의 기준 플라토』, 『빨라지고 강해지는 이것이 도형이다』 문제집 활용

☐ 문장제가 약하다면 : 『기적의 수학 문장제』로 훈련

☐ 분수·소수가 약하다면 : 『초등 분수 개념이 먼저다』, 『초등 소수 개념이 먼저다』

Step 2 실천 기록

▶ 공부하면서 내가 어려워한 부분을 적고 내가 어떻게 그걸 보충하며 공부했는지도 기록해 보자.

내가 어려워한 수학 파트 :

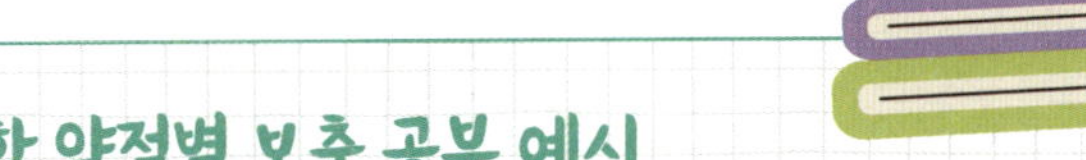

도움이 된 교재/방법 :

내가 한 보충 공부 :

공부하면서 느낀 점 :

영어 원서 읽는 습관

 다음 항목을 읽고 나에게 해당하는 것에 ✔ 해 보자.

☐ 영어 공부는 단어 외우기가 전부라고 생각한다.

☐ 문법을 알아야 영어 책을 읽을 수 있다고 생각한다.

☐ 영어 원서를 읽어 본 적이 적의 없다.

☐ 교과서나 문제집으로만 영어 공부를 한다.

☐ 영어 책을 읽으면 모르는 단어 때문에 금방 포기한다.

☐

영어는 처음부터 잘하려고 하지 않아도 괜찮아.
그림책처럼 쉬운 책부터, 내용 자체를 즐기며 읽어 봐.
그렇게 영어와 친해지면 영어 공부도 점점 덜 무서워질 거야.

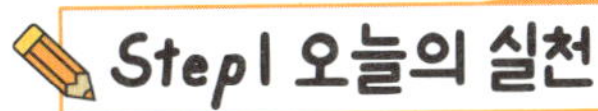
Step1 오늘의 실천

▶ 영어 원서 읽기 공부 팁을 읽고 실천해 보자.

1 얇고 그림이 많은 원서부터 시작하기

2 모르는 단어가 있어도 전부 찾지 말고 문맥과 그림으로 추측하기

3 하루에 5~10분, 꾸준히 영어 원서 읽는 습관 만들기

책을 다 읽고 난 뒤에, 모르는 단어를 찾아보기! 책 읽는 도중에는 단어 찾아보지 말고 추측하며 책 내용에 집중하기

쌤이 추천하는 영어 원서 고르는 팁

☐ 내가 좋아하는 주제(동물, 모험, 마법 등)로 고르기
☐ 한 페이지를 읽었을 때 모르는 단어가 3~4개 정도면 적당한 난이도
☐ 얇은 책 → 짧은 챕터북 → 긴 챕터북 순서로 도전하기

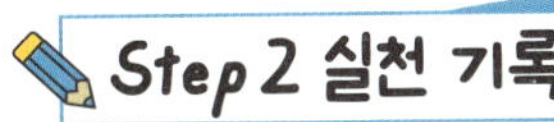
Step 2 실천 기록

▶ 오늘 내가 읽은 영어 원서

책 제목:

책의 주제:

새로 알게 된 단어와 그 뜻:

영단어 암기 습관

📌 다음 항목을 읽고 나에게 해당하는 것에 ✔ 해 보자.

☐	☐	☐
영어 단어를 눈으로만 보고 외운다.	단어를 외워도 금방 잊어버린다.	소리 내어 읽지 않는다.

☐	☐	☐
단어를 쓰지 않고 눈으로만 외운다.	헷갈리는 단어를 정리하는 방법을 모른다.	

단어는 눈으로만 보면 금방 잊혀져. 소리 내어 읽고, 직접 써 보고,
포스트잇에 적어서 책상에 붙여 두고 자주 보면 훨씬 오래 기억할 수 있어.
귀찮아 보여도 단어 암기는 영어 공부의 기초야.

▶ 영단어 암기 루틴과 암기 팁을 읽고 실천해 보자.

1 오늘 배운 단어를 소리 내어 5번 읽기

2 단어를 공책에 3번 이상 써 보기

3 헷갈리는 단어는 포스트잇에 적어 잘 보이는 곳에 붙여 두기

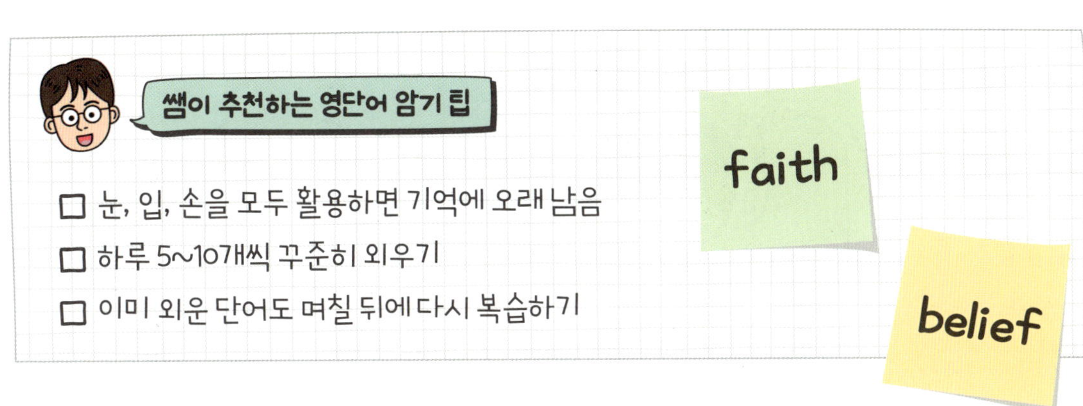

▶ 오늘 외웠던 단어를 정리해 보고, 가장 효과적인 암기법을 적어 보자.

오늘 내가 외운 단어 개수: 개

오늘 내가 외운 단어 중 헷갈렸던 단어와 그 뜻:

단어를 외우면서 사용한 방법:

10 영어 문제집 푸는 습관

📌 다음 항목을 읽고 나에게 해당하는 것에 ✔ 해 보자.

☐ 영어 문법을 몰라도 단어만 알면 된다.	☐ 영어 공부를 할 때 뭐부터 해야 할지 막막하다.	☐ 영어 독해를 할 때 문법 지식을 적용할 줄 모른다.
☐ 교과서 영어 공부만으로도 벅차다.	☐ 문법 공부가 왜 필요한지 모르겠다.	☐

문법과 독해 문제집은 중학교 영어를 위한 준비 운동이야.
처음엔 어렵고 재미없을 수 있지만, 차근차근 풀다 보면 실력이 쌓이는 게
느껴질 거야. 조금씩 익숙해지는 과정이 바로 영어 공부의 시작이야.

Step 1 오늘의 실천

▶ 영어 문법과 리딩 공부를 위한 팁을 알려 줄게.

영어 문법 루틴

1 하루에 문법 개념 하나만 공부하기

2 배운 규칙으로 짧은 문장 2~3개 직접 만들어 보기

3 일주일에 한 번은 문법 내용을 복습하기

영어 리딩 루틴

1 하루 1개 짧은 영어 지문 읽기

2 지문을 다 읽은 뒤 문제 풀기

3 맞힌 문제보다 틀린 문제를 꼼꼼히 다시 확인하기

☐ 문법 : 『EBS 기초 영문법 1,2』
☐ 리딩 : 『리딩튜터 주니어』, 『리더스뱅크』

Step 2 실천 기록

▶ 오늘 공부한 영어 공부를 정리해 봐. 꾸준히 기록하면 그게 실력이 돼.

오늘 공부한 문법 규칙:

이 문법 규칙을 가지고 만든 예문:

오늘 읽은 리딩 지문의 주제:

11 영어를 많이 듣고, 소리 내어 읽는 습관

강의 영상
바로가기

다음 항목을 읽고 나에게 해당하는 것에 ✔ 해 보자.

☐ 영어 책을 읽을 때 눈으로만 읽는다.	☐ 영어 발음을 소리 내어 말하는 게 부끄럽다.	☐ 영어 공부할 때 원어민 발음을 참고하지 않는다.
☐ 영어 듣기 자료가 있어도 안 듣게 된다.	☐ 단어는 알지만, 막상 말로 하려니 잘 안 나온다.	☐

영어는 눈으로만 하는 공부가 아니야.
"귀 → 입 → 눈" 이렇게 세 가지를 다 써 야 제대로 내 것이 돼.

✏️ Step I 오늘의 실천

▶ 영어 듣기 습관과 소리 내어 읽는 습관을 위한 팁이야. 잘 읽고 실천해 봐.

듣기 습관

1 하루에 영어 오디오나 영상 10분 듣기. 애니메이션, 동화, 오디오북 다 좋아.

2 모르는 부분은 그냥 넘어가도 괜찮아. 귀가 영어 소리에 익숙해지는게 중요해.

3 들린 표현 중에 재미있는 문장은 따라 말하기

소리 내어 읽기 습관

1 영어 책이나 지문을 읽을 땐 반드시 소리 내어 읽기

2 한 문장을 3번 이상 소리 내어 따라 말하기

3 오늘 배운 문장 중 1개를 외워서 큰 소리로 말하기

✏️ Step 2 실천 기록

▶ 오늘 내가 실천한 영어 듣기와 따라 말하기를 기록해 봐.

오늘 내가 들은 영어 자료 (오디오/영상 제목):

____

오늘 내가 소리 내어 읽은 문장:

____

____

____

사회·과학 공부 습관

📌 다음 항목을 읽고 나에게 해당하는 것에 ✔ 해 보자.

☐	☐	☐
나는 평소에 줄글 책을 꾸준히 읽는 편이다.	사회·과학 교과서를 읽을 때 핵심 문장이 잘 보인다.	교과서를 1~2번만 훑어보고 시험을 본 적이 많다.
☐	☐	☐
사회, 과학에 관련된 책을 찾아 읽어 본 적이 없다.	문제를 풀며 어려운 부분은 개념을 따로 확인한다.	

나는 사회, 과학 교과서를 열심히 읽으면서 개념을 공부했고, 줄글 책도 다양하게 읽어 보려고 했어. 학교에서 수업을 들은 뒤에는 문제집을 풀어 보며 내가 어떤 부분이 부족한지 점검하며 공부한 것이 큰 도움이 되었지.

 **Step1 오늘의 실천**

▶ 사회와 과학을 잘하기 위한 공부 습관을 알려 줄게.

독서 습관

사회/과학 분야의 책을 매일 적어도 30분씩은 꾸준히 읽기
긴 글을 읽는 경험을 꾸준히 쌓는 게 중요해.

교과서 활용

방학 때: 사회·과학 교과서를 가볍게 예습하기
학기 중: 수업한 부분을 그날 집에서 5분만 다시 읽기

문제집 활용

일주일에 하루만 정해서 풀고, 어려운 부분 표시하기
방법 ①: 1주일 동안 배운 부분 문제 풀기
방법 ②: 한 단원 끝날 때마다 문제 풀기

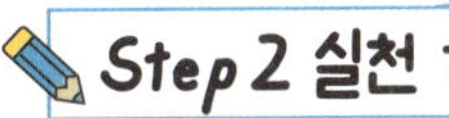 **Step 2 실천 기록**

▶ 사회와 과학 공부를 위해 이번 주에 실천할 내용을 적어 보자.

친구들의 공부 습관 엿보기

친구들의 공부 습관을 보며 내 공부 습관을 돌아보세요.
작은 것이라도 꾸준히 실천하면 그게 바로 실력이 됩니다.

• 향동숲내초등학교 5학년 **박성빈**, 3학년 **박성아**

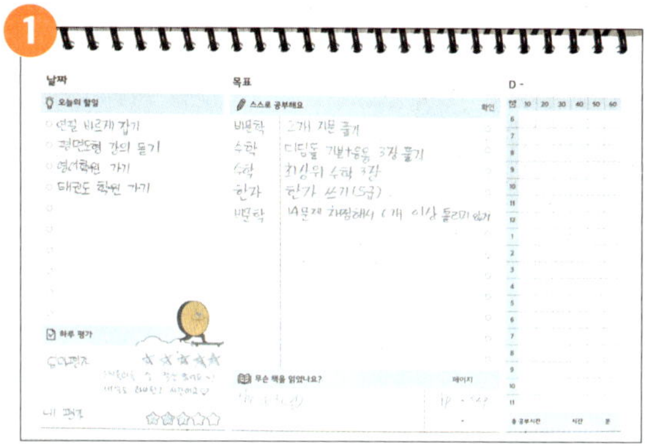

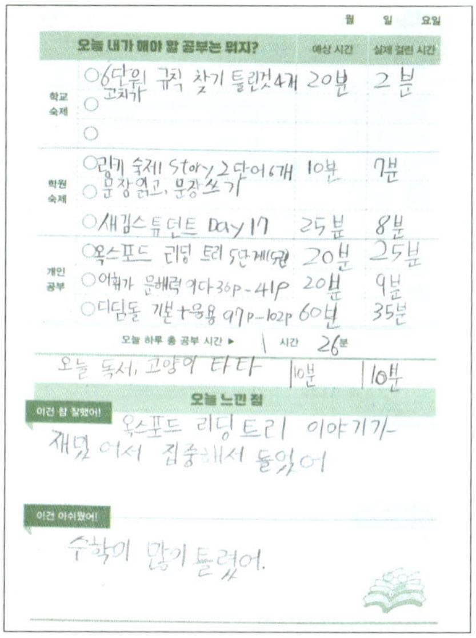

공부 플래너 기록하기

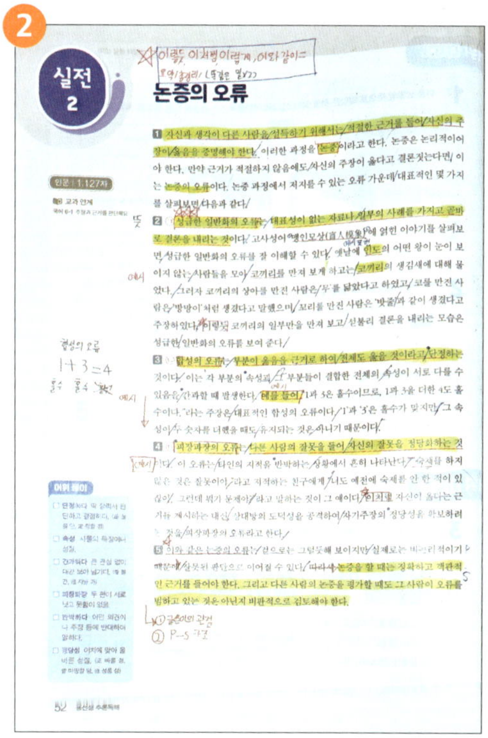

수업 내용 필기하기

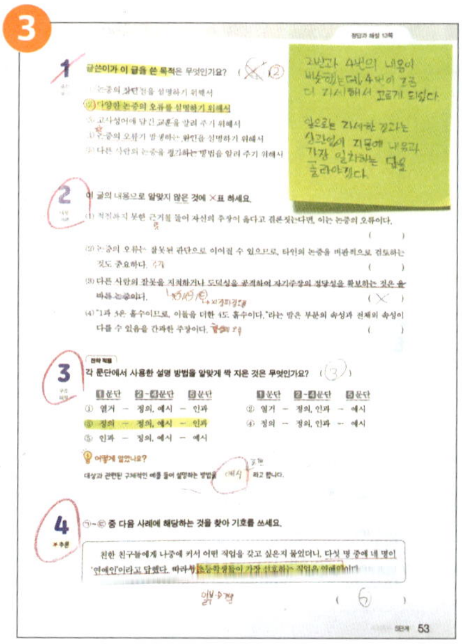

틀린 문제 다시 풀기

 ❶ 공부 계획 습관 70쪽 ❷ 수업 중 메모 습관 58쪽 ❸ 틀린 문제 공부 습관 82쪽

• 강서초등학교 5학년 **양하성**

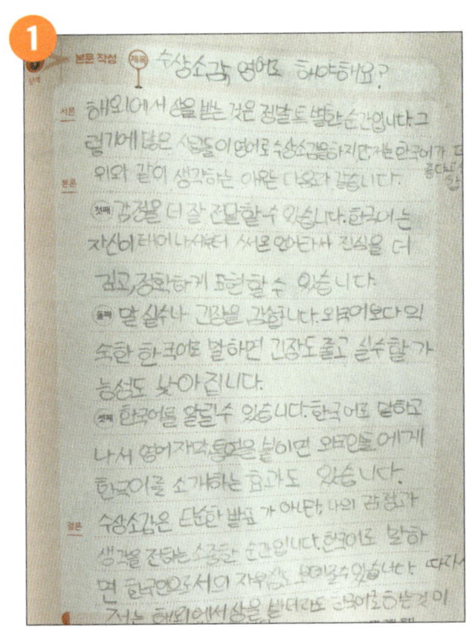

국어 글쓰기 연습

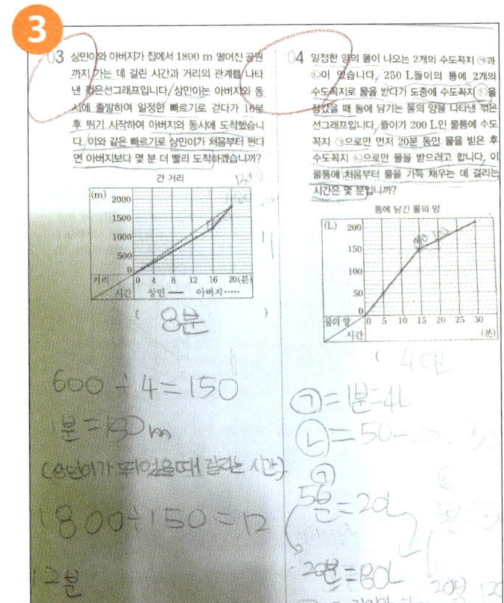

공부 플래너 기록하기

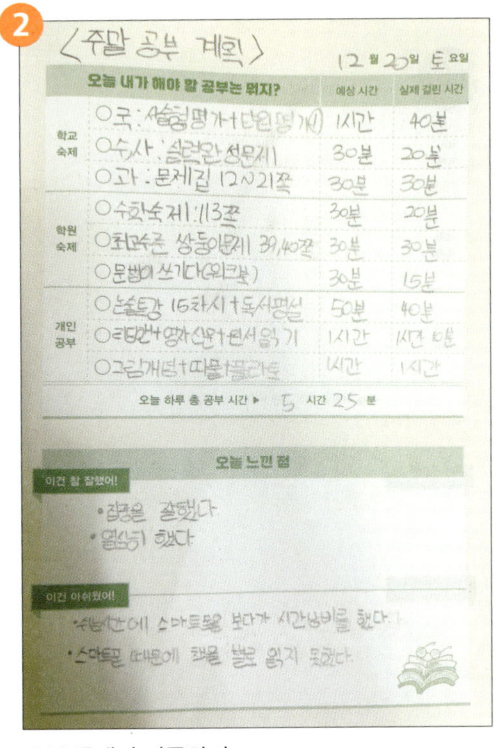

문제에 표시하면서 수학 문제 읽기

❶ 국어 공부 습관 94쪽 ❷ 공부 계획 습관 70쪽 ❸ 문제에 표시하며 푸는 습관 76쪽

• 용인이현초등학교 4학년 김루아

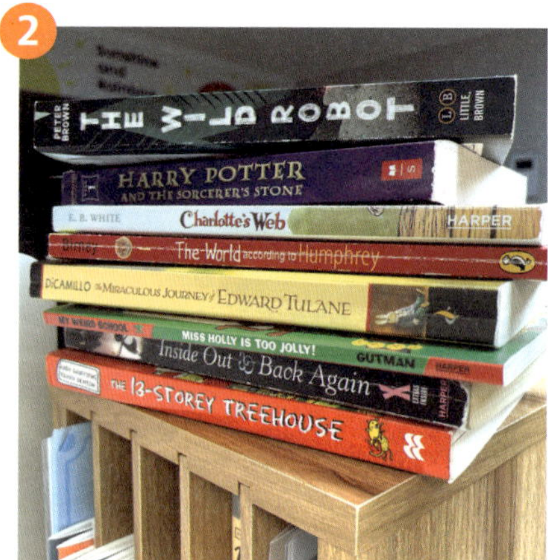

감사 일기 쓰기

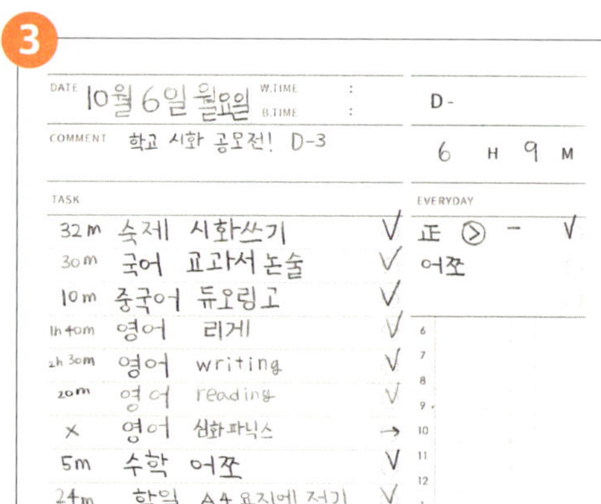

영어 원서 읽기

공부 플래너 기록하기

수업 내용 필기 기록하기

• 초등학교 4학년 송지유

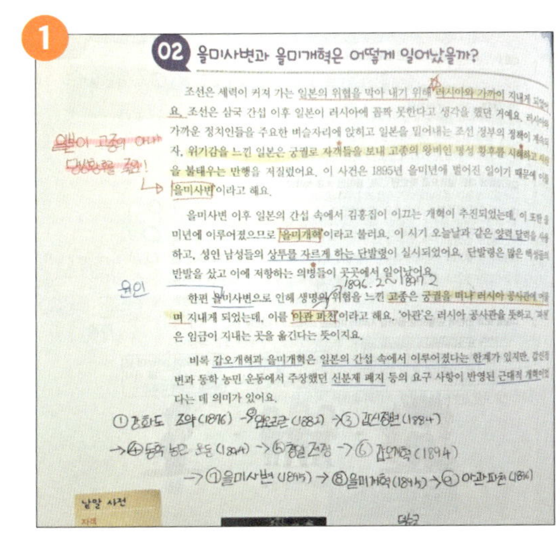

공부 플래너 기록하기

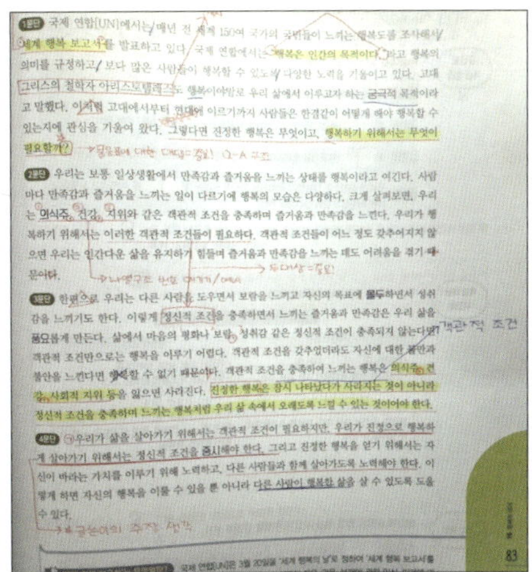

한자 찾아 보며 단어 공부하기

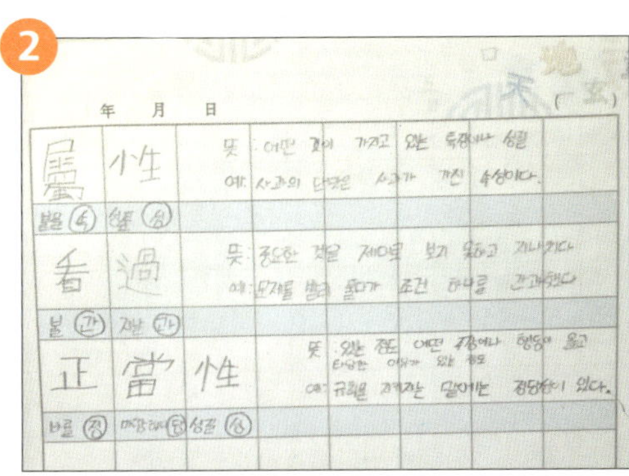

책상 정리

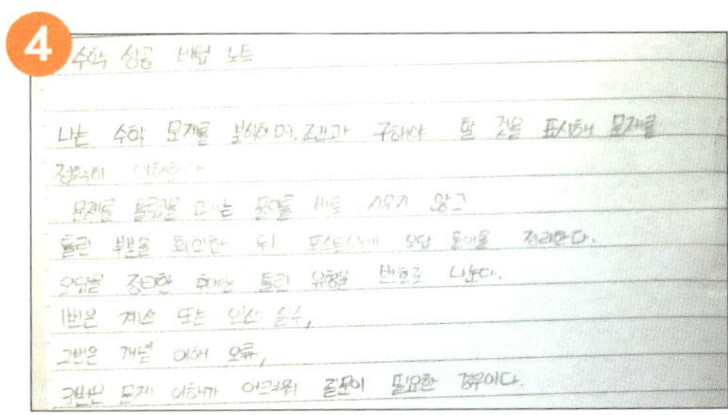

수학 성공 노트 쓰기

❶ 공부 계획 습관 70쪽　❷ 국어 공부 습관 94쪽　❸ 공부 환경 정리 습관 44쪽　❹ 수학 성공 노트 쓰기 습관 100쪽

• 수원태장초등학교 3학년 **김상윤**

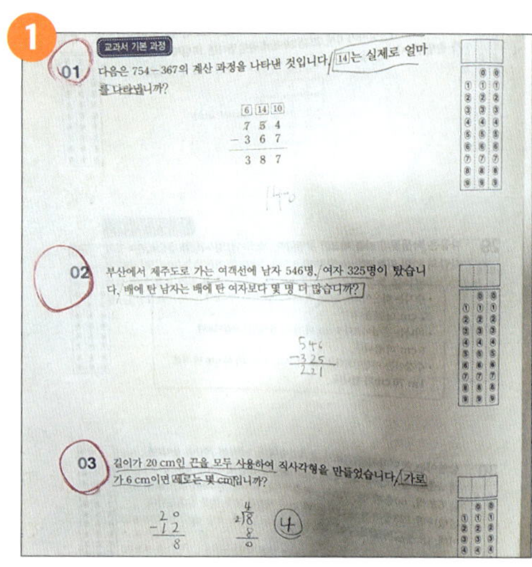

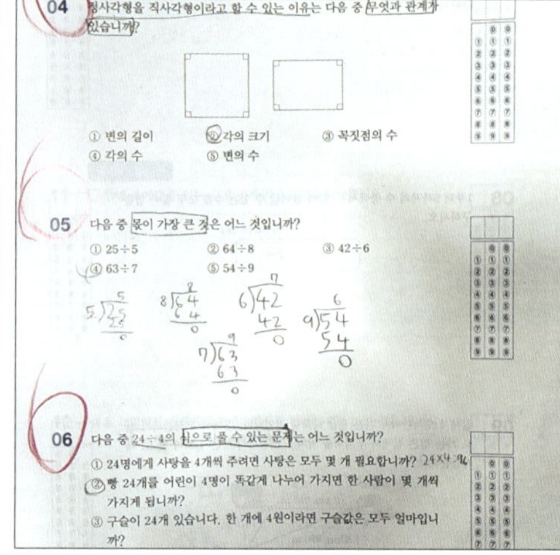

문제에 표시하면서 수학 문제 풀기

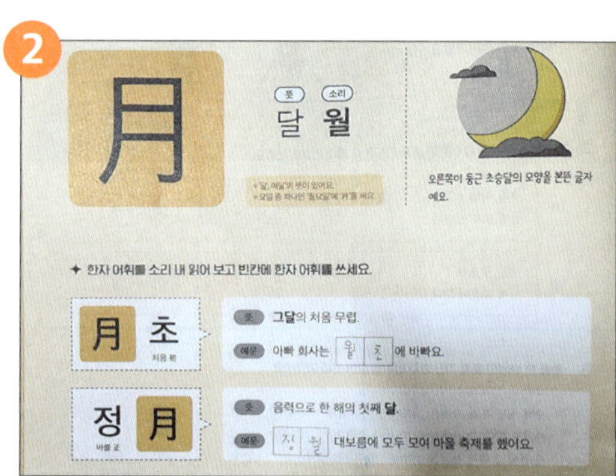

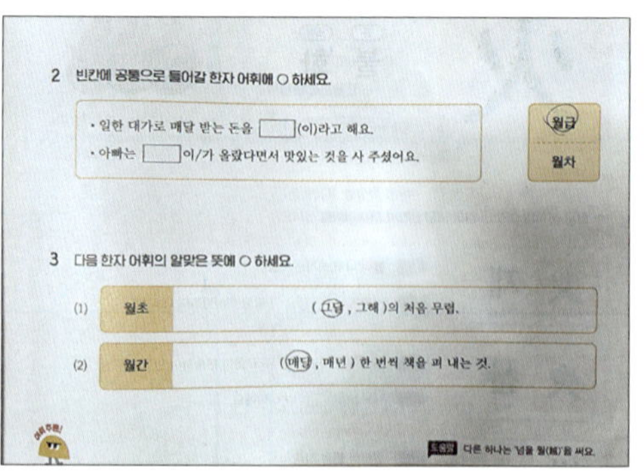

과목별 공부하기 (국어 한자)

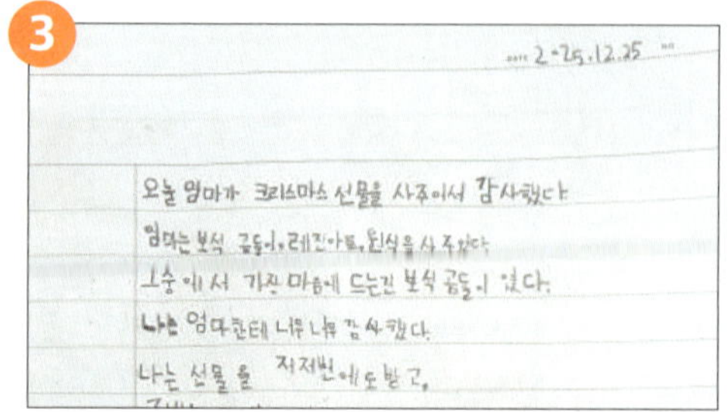

감사 일기 쓰기